THONET
GESCHICHTE
EINES STUHLS

THONET
GESCHICHTE
EINES STUHLS

OLE BANG

HATJE

Der Dank des Verfassers gilt der Firma Gebrüder Thonet in Frankenberg. Sie hat während der Entstehungszeit des Buches bereitwillig Unterlagen zur Verfügung gestellt und Auskünfte erteilt, um Fehler und irrige Darstellungen auszuschließen. Zu beachten ist, daß es sich bei den Stühlen verschiedener Interieurs auf den folgenden Seiten nicht unbedingt um Thonet-Stühle handelt. Viele Konkurrenten haben im Lauf der Zeit die klassischen Modelle von Michael Thonet nachgeahmt, doch dies läßt in meinen Augen seine Pionierleistung nur um so größer erscheinen.

Übersetzung von Brigitte Weitbrecht

Zuerst erschienen in Dänemark bei Borgen, Kopenhagen, unter dem Titel *Historien om en stol*
Copyright © 1979 by Ole Bang
Alle deutschen Rechte bei Verlag Gerd Hatje, Stuttgart
ISBN 3 7757 0154 0

INHALT

Nichts kann ein Kunstwerk sein, das nicht nützlich ist, das heißt das nicht dem Körper dient, Vergnügen bereitet und den Geist besänftigt und anregt.

William Morris 1877 *(The Lesser Arts)*

DER STUHL

Der Gedanke, man könne ein Buch über einen Stuhl schreiben, läßt die Leute mitleidig lächeln. Ein Stuhl! Ja – aber ein außergewöhnlicher Stuhl.

Der Bugholzstuhl mit Rohrgeflecht, allgemein Thonet-Stuhl genannt, ist zum bleibenden Symbol für die großen Möglichkeiten geworden, die die Industrialisierung für massengefertigte Gebrauchsgegenstände bietet.

Seit über 120 Jahren wird das einfache Modell, das in Österreich schon 1859 in die Massenherstellung ging, an alle möglichen Abnehmer auf der ganzen Welt verkauft. Schon vor mehr als fünfzig Jahren hatten die Absatzzahlen die 50-Millionen-Grenze weit überschritten.

Aus Gemälden, Zeichnungen und Photographien von verschiedenen Innenräumen vieler Länder ergibt sich, daß dieser Stuhl der Formensprache mehrerer Generationen angehört und mit unserer gegenständlichen Umwelt so untrennbar verbunden ist, daß er für viele Menschen den Inbegriff eines Stuhls bedeutet.

Im Lauf der Jahre und Jahrzehnte war der Thonet-Stuhl als Sitzgelegenheit für große Männer stummer Zeuge historischer Ereignisse – heute sehen wir ihn auf Werbeplakaten für dunkles Lagerbier.

1863
Der Walzerkönig Johann
Strauß (1825–1899) dirigiert
sein Orchester beim Hofball
in Wien. Nach dem Tode
seines Vaters im Jahre
1849 übernahm er das
Orchester, aber erst 1863
wurde er zum Hofballdirek-
tor ernannt.

Der Wiener Stuhl ist einer der wenigen im 19. Jahrhundert
entwickelten Gebrauchsgegenstände, die die Zeiten überlebt
haben und jetzt noch sowohl vom Designer als auch vom allgemeinen Publikum geschätzt werden. Diese Tatsache stimmt
nachdenklich in unserer Situation, da die Grenzen des Wachs-
tums immer deutlicher erkennen lassen, wie verantwortungslos
die Wegwerfmentalität ist, die doch als unabdingbare Voraussetzung für Produktion und Vollbeschäftigung angesehen wird.
Der Bugholzstuhl ist ein einfacher, billiger Gegenstand für den
täglichen Gebrauch; man kann ihn nicht unmittelbar zu den
Kunstmöbeln zählen. Er hat die Grenzen, die von Kunsthisto-
rikern gern zwischen den verschiedenen Stil- und Geschmacks-
richtungen gezogen werden, völlig niedergerissen. Mit seiner
nüchternen, unauffälligen Form ist er kaum von stilistischem
Interesse, und sein Hersteller, Michael Thonet, erging sich
nicht in philosophischen Betrachtungen über die Epochen der
Möbelkunst, wie auch der Begriff ›Design‹ nicht seine vorran-
gige Sorge war. Er war Erfinder, ein geschickter Handwerker,

der an eine Idee glaubte und sie praktisch verwirklichte. Damit entsprach er den Pionieren der frühen Industrialisierung in England, Männern, die sich auskannten und ihre Erfindungen mit eigenen Händen verwirklichten.

Michael Thonet erfüllte damit die Idealforderungen, die fast gleichzeitig von den beiden englischen Schriftstellern, Kunstkritikern und Sozialreformern John Ruskin und William Morris aufgestellt wurden:

»Der Fabrikant muß der beste Arbeiter in der Fabrik sein« (John Ruskin 1853).

»Der Künstler ist nichts anderes als ein Handwerker, der ein hervorragendes Werkstück anfertigen will« (William Morris 1877).

Die beiden Engländer widersetzten sich der hemmungslosen Industrialisierung, ihren geistlosen Produkten und ihrer Zerstörung der Arbeitsfreude, die sie für die beiden Seiten einer und derselben Sache hielten.

1875
Das Arbeitszimmer des Komponisten Johannes Brahms (1833–1897) mit dem großen Konzertflügel in der Karlsgasse in Wien. Brahms kam 1862 aus seiner Heimatstadt Hamburg nach Wien und ließ sich 1878 endgültig dort nieder. Er war mit Johann Strauß befreundet.

1916
Gerade, als wir so gemütlich
dasitzen...
Vignette einer Alltagsge-
schichte in einer Illustrierten.

William Morris, der die Kunst als Ausdruck der Arbeitsfreude ansah und für den deshalb maschinelle Fertigung fast gleichbedeutend mit minderwertiger Qualität war, gründete 1861 eine kunstgewerbliche Werkstatt; dort stellte er auch Stühle nach handgefertigten dörflichen Modellen her. Seine Produktion war jedoch zwangsläufig ziemlich exklusiv, da er sie nur an einen kleinen Kreis wohlhabender Käufer absetzte. Er beging den tragischen Irrtum, den Industrialismus zu bekämpfen, statt Qualitätsforderungen an ihn zu stellen.

Thonet wagte den langen und schwierigen Schritt von der Werkstatt zur Massenfertigung und widerlegte damit die romantische Einstellung von Ruskin und Morris, die die Maschine völlig ablehnten und nur die handwerkliche Fertigung gelten ließen. Es gelang ihm schließlich, den in der Industrie zunehmenden Konflikt zwischen Kunst (Design) und Maschine zu überwinden.

Man darf bezweifeln, ob er damit Arbeitsfreude im Sinne der Sozialreformer schuf, aber er bot eine sinnvolle Beschäftigung

1930
Stan Laurel und Oliver
Hardy in der amerikani-
schen Filmkomödie *Below
Zero*. Regisseur: Hal Roach.

für eine verarmte Landbevölkerung, die infolge der Agrarre-
form in Österreich nach der Revolution von 1848 kapitalistischen Unternehmungen und dem Freihandel zum Opfer gefallen war. Sein Bugholzstuhl und die vielen späteren Modelle er-
oberten die ganze Welt und deckten den zunehmenden Bedarf
verschiedener neuer Gesellschaften.

Der Thonet-Stuhl erfüllte die Forderung der Nützlichkeit.
Wenn ein Restaurantbesitzer ihn für sein Kaffeehaus oder
seine Gaststätte erwarb, so nicht wegen seiner künstlerischen
Merkmale, sondern weil er billig, leicht und solid war. Er erwies
sich auch bald als hervorragendes Wurfgeschoß bei Schläge-
reien – weder die Stühle noch die Gäste erlitten dabei blei-
bende Schäden.

Die Musiker unter Johann Strauß saßen auf Thonet-Stühlen,
als sie in roten Uniformen zum kaiserlichen Hofball in Wien
aufspielten. Brahms saß auf einem Thonet-Stuhl, wenn er an
seinem Flügel komponierte. Auf Thonet-Stühlen saßen Lenin
und die Bolschewiken zur Zeit der Revolution in Rußland, aber
auch die Fischer in den Dorfwirtschaften an der dänischen
Westküste. Heute finden wir Thonet-Stühle in berühmten

1918
Lenin bei einer Sitzung
des Rats der Volkskommis-
sare im Smolny-Institut,
einem ehemaligen Internat
für Töchter des Adels
in einem Vorort von Petro-
grad (heute Leningrad).
In diesem Kraftzentrum
der russischen Revolution
hielten die führenden Bol-
schewisten ihre entscheiden-
den Debatten.

Feinschmeckerlokalen und in der ersten Wohnungseinrichtung
junger Ehepaare.

Als der Bugholzstuhl 1859 auf den Markt kam, lief er zwar der
herrschenden Vorliebe für Schnörkel und Zierat zuwider, die
auch maschinell erzeugte, Handfertigung nachahmende Ge-
genstände prägte. Er war aber billig und robust und stimmte
deshalb im Grunde mit dem Rationalismus der Zeit und vieler
ihrer neuen Erzeugnisse überein. In vollkommener Weise erfüllte der Stuhl die Anforderungen, die auch heute noch an Ge-
genstände für den täglichen Gebrauch gestellt werden müssen:
Nützlichkeit, erschwinglicher Preis, gute Form. Thonets Bugholzstuhl ist ein Beweis für das bekannte, häufig zitierte funk-
tionalistische Schlagwort »weniger ist mehr«, denn die Form
bildet mit dem verwendeten Material und dem Herstellungsverfahren ein organisches Ganzes.

Die zeitlose, schlichte Form, die Haltbarkeit und der niedrige
Preis ließen den Bugholzstuhl zu einem ›sozialen‹ Möbelstück
werden, einem anonymen Gebrauchsartikel, der davon zeugt,
daß ein Gegenstand uns um so besser dient, je weniger er von
sich hermacht. Jeder konnte sich diesen Stuhl leisten, und er
wird bei allen Bevölkerungsschichten in vielen Ländern bis
heute gebraucht und geschätzt.

1976
Tanz in einem öffentlichen
Lokal. Szene aus dem
Fernsehstück *Fiskerne*
der dänischen Rundfunkge-
sellschaft nach einem Ro-
man von Hans Kirk
(1898–1962) über die
Fischer an der jütländischen
Westküste.

Mit formalen Überlegungen kommt man der Gestaltung dieses
Stuhls und seinem weltweiten Erfolg nicht bei. Man kann dies
nur verstehen und überblicken, wenn man das vollkommene
Zusammenspiel von Rohmaterial und Herstellungsverfahren
kennt, das Ziel der unablässigen Bemühungen Michael Thonets und seiner Söhne.

Im folgenden wird dargestellt, wie viele Faktoren zusammen-
wirken müssen, um eine scheinbar einfache Aufgabe zu lösen:
Ein Stück massives Holz bleibend zu biegen, ohne daß es split-
tert.

DER ERFINDER

Michael Thonet wurde 1796 in Boppard am Rhein geboren, einem Städtchen, das damals knapp 7 000 Einwohner zählte. Es liegt in den bewaldeten Hügeln am linken Rheinufer 20 km südlich von Koblenz, einst Hauptstadt der preußischen Rheinprovinz, und 15 km nördlich des sagenumwobenen Loreleifelsens. In Neuwied, gleich weit in nördlicher Richtung von Koblenz entfernt, hatte fünfzig Jahre zuvor der berühmte ›englische‹ Kunsttischler David Roentgen, der bei seinem in England ausgebildeten Vater Abraham Roentgen gelernt hatte, die vielbewunderten Luxusmöbel jener Zeit geschaffen.

Michaels Vater hatte eine kleine Gerberei, die jedoch nicht sehr viel abwarf; er bestimmte deshalb seinen Sohn nicht zu seinem Nachfolger, sondern gab ihn bei einem nahen Kunsttischler in die Lehre.

Mit 23 Jahren gründete Michael Thonet einen eigenen Geschäftsbetrieb als Bau- und Möbeltischler. Er arbeitete allein; sein Ziel war das ganz von ihm geschaffene Einzelstück. Bei seinen niedrigen Preisen und der hohen Qualität nimmt es nicht wunder, daß seine Möbel bald weit über seine Heimatstadt hinaus bekannt wurden.

Obwohl die Nachfrage stieg, wollte er seinen Betrieb nicht vergrößern. Er fertigte weiterhin seine Meisterstücke auf Bestel-

»Biegen oder brechen?«
Biegen!

1836–40
Stuhl aus Schichtholz,
von Michael Thonet in
Boppard gefertigt.
Im Besitz des heutigen
Geschäftsführers der Fabrik
in Frankenberg, Dipl.-Ing.
Georg Thonet, Michael
Thonets Urenkel.

lung an und experimentierte daneben, da er nach gebogenen
Formen zu annehmbaren Preisen strebte, mit neuen Schicht-
techniken: Dünne Holzlatten wurden in heißem Leim biegsam
gemacht, in einer Form zusammengefügt und getrocknet.

Gerade um jene Zeit wurden geschwungene Möbel wieder
Mode, und Thonet erkannte, daß er infolge der Material- und
Arbeitsersparnis bei seiner neuen Biegemethode billigere Erzeugnisse auf den Markt bringen konnte, als es mit den damals
im Tischlerhandwerk üblichen, arbeitsaufwendigen Verfahren
möglich war.

1830 begann er, erstmals Möbelteile wie Kopfschwingen aus
Schicht- und Furnierholz zu fertigen, statt sie in der herkömmlichen Weise aus massivem Holz zu schnitzen.

In den darauffolgenden Jahren setzte er seine Versuche fort
und stellte schließlich ganze Stühle in gebogenen Formen als
elastische Konstruktionen aus durchgehendem Schichtholz
her.

Thonet ließ seine Erfindung in Frankreich, England und Bel-
gien patentieren und bewarb sich um das kaiserliche Privileg in
Österreich.

Im Jahr 1841 stellte Thonet seine Schichtholzstühle in Koblenz
aus, wo sie auch der österreichische Staatskanzler Fürst Metternich sah, der sehr daran interessiert war, unternehmungslu-
stige Erfinder kennenzulernen, die der Industrialisierung in der
österreichischen Monarchie Aufschwung zu geben vermoch-
ten, und höchstwahrscheinlich hatte er dabei die ausgedehnten,
ungenutzten Buchenwälder Österreichs im Sinn.

Metternich stammte aus Koblenz und wandte sich vielleicht
auch deshalb mit besonderem Interesse den neuen Stühlen aus
Thonets Werkstatt in Boppard zu. Er forderte Thonet auf, die
Schichtholzmöbel in seinem von Weinbergen umgebenen
Schloß Johannisberg am Rhein vorzustellen (das Schloß war
ein Geschenk des Kaisers in Anerkennung seiner Verdienste
beim Wiener Kongreß 1814). Die Erfindung faszinierte Metternich, und er empfahl Thonet dringend, nach Wien zu gehen.
»In Boppard bleiben Sie ein armer Mann«, sagte er. »Sie können mit dem Kabinettskurier von Frankfurt nach Wien fahren.«

Im Frühjahr 1842 reiste Thonet nach Wien und stellte seine
Möbel in den Prunkräumen auf, die ihm im fürstlichen Palais

zur Verfügung gestellt wurden. Metternich begeisterte sich derart für die Arbeiten Thonets, daß er bei einem Besuch auf einem Stuhl wippte und an einem Stock die Festigkeit und Elastizität des in Schichttechnik gebogenen Holzes demonstrierte. In Gegenwart von Würdenträgern des kaiserlichen Hofes äußerte er sich so anerkennend über die handwerkliche Qualität der Möbel, daß man hätte meinen können, er habe selbst bei ihrer Herstellung mitgearbeitet. So beschrieb Thonet stolz dieses Ereignis in einem Brief an seine Familie in Boppard.

Metternich veranlaßte den Hofmarschall, dem Kaiser die Möbel zu zeigen, und dieser fand so großen Gefallen daran, daß er gleich einige Stücke für sich selbst behielt.

Ehe Thonet nach Wien gereist war, hatte er acht Stühle und zwei Armsessel aus Mahagoni zu einer Gewerbeausstellung nach Mainz gesandt. In der offiziellen Beurteilung wurde die Dauerhaftigkeit und Eleganz, die Leichtigkeit und Elastizität der Schichtholzmöbel gerühmt und hervorgehoben, daß Thonets Methode weniger Material und Arbeit erforderte als die herkömmlichen Verfahren.

Am 16. Juli 1842 wurde Thonet das Privileg verliehen, um das er sich schon bemüht hatte, »jede, auch selbst die sprödeste Gattung Holz auf chemisch-mechanischem Wege in beliebige Formen und Schweifungen zu biegen«.

Von alters her war die Verleihung eines Privilegs Vorrecht der Krone und damit eine kaiserliche Gunstbezeigung gewesen, der eine Untersuchung der Originalität und des Nützlichkeitswerts der Erfindung vorausging; die Gültigkeitsdauer wurde von Fall zu Fall festgelegt.

Infolge der aufkommenden Industrialisierung wurde in der 1820 aufgestellten Verordnung für das Privileg bestimmt, daß es für alle, also auch für ausländische industrielle Erfindungen, verliehen werden konnte. Das Privileg wurde Ausländern gewährt, es konnte vererbt und verkauft werden, und der Inhaber war berechtigt, alle Produktionsmittel zur Nutzung seiner Erfindung zu liefern. 1832 wurde ein Antragsformular entworfen; Datum und Stunde der Registrierung wurden auf einer Quittung eingetragen.

Die Ausgaben für die Patente hatten Thonets Ersparnisse und auch das Kapital verschlungen, das er von Geldgebern, die in die Nutzung seiner Erfindung investiert hatten, aufgenommen

1836–40
Armstuhl aus Schichtholz,
von Michael Thonet in
Boppard gefertigt. Die
beiden identischen Seiten
des Stuhls sind als durchge-
hende Schichtkonstruktion
ausgeführt. Sie beginnt
an der Rückenlehne, teilt
sich, verläuft am Sitz ent-
lang, bildet durch Aufbiegen
die Beine und endet in
einer Peitschenschnurvolute.
Schon hier wurde der rohrgeflochtene Sitz verwendet.

Um 1843
Detail des Parkettfußbodens
mit eingelegten gebogenen
Dekorationen. Die Figuren
aus verschiedenen Hölzern
wurden in Furnierschichten
aufgeschnitten und auf
Blindholz geleimt. Herge-
stellt in Carl Leistlers Par-
kettfabrik.

hatte. Die Patente konnten aber nicht verkauft werden, weil zu
ihrer Verwertung Thonets Anwesenheit in den jeweiligen Ländern notwendig gewesen wäre. Da der erhoffte Gewinn aus-
blieb, machten die Gläubiger ihre Ansprüche bei Thonets Frau
in Boppard geltend, und solange er noch in Wien war, wurden
sein Geschäft und sein Besitz zwangsversteigert.
So wurde auch eine Sendung von Möbeln, die auf Fürst Metter-
nichs Bestellung von Thonets ältestem Sohn in der Werkstatt in
Boppard hergestellt worden waren, auf dem Transport nach
Wien in Frankfurt am Main beschlagnahmt.
Thonet hatte nun nichts mehr zu verlieren und alles zu gewin-

1843–46
Der große Ballsaal im
Palais Liechtenstein mit
dem von Thonet ausgeführ-
ten Parkettfußboden.
Das Orchester saß, den
Blicken verborgen, im
Obergeschoß, und die
Musik drang von hoch
oben durch den durchbro-
chenen Fries unter der
Decke.

nen. Er beschloß, in Wien zu bleiben und ließ wenig später seine Frau und seine fünf Söhne, von denen der jüngste noch ein kleines Kind war, nachkommen.

Nun begann die Zusammenarbeit mit Franz List, einem Möbelfabrikanten, der sich für die Herstellung billiger Holzstühle nach der von Thonet erfundenen Schichtholztechnik interessierte. List war schon betagt und hatte keinen Erben, und so stand er vor der Überlegung, seinen Betrieb zu verkaufen, um sich aus dem Geschäftsleben zurückzuziehen. Thonet hatte kein Geld, und List war nicht sicher, ob ein anderer Käufer die Herstellung von Bugholzstühlen fortsetzen würde. Er empfahl deshalb Thonet, an den englischen Architekten P.H. Desvignes heranzutreten, der mit der Renovierung und Innenausstattung des Palais von Fürst Alois von und zu Liechtenstein beauftragt war.

Als Thonet dem Architekten einige Bugholzwerkstücke zeigte, gefielen die ihm so gut, daß er ihm sofort die Skizze eines Parkettfußbodens mit einem Muster verschlungener Figuren vorlegte und ihm die Ausführung dieser Arbeit antrug.

Thonet führte den Fußboden so kunstfertig aus, daß ihm der Architekt noch weitere Arbeiten im Palais übertragen wollte. Die Holzarbeiten waren jedoch schon vertraglich an den bekannten Wiener Kunsttischler und Parketthersteller Carl Leistler vergeben worden, aber nach Unterhandlungen und auf Empfehlung von Desvignes kam schließlich eine Vereinbarung zustande, nach der Thonet und zweien seiner Söhne Sonderaufträge erteilt wurden, die sie zu einem festen Gehalt und in Leistlers Namen ausführen sollten. Der Meister stellte der Familie Thonet auch ein kleines Haus zur Verfügung.

Der Vertrag mit Leistler bestand von 1843 bis 1849. Thonet und seine Söhne schufen die prachtvollen Parkettfußböden mit eingelegten gebogenen Figuren aus verschiedenen Hölzern. Sie fertigten auch eine Reihe Salonstühle aus Schichtholz, die teilweise vergoldet wurden. Diese Stühle, Zeugen vollkommener Kunstfertigkeit, sind einzigartig in ihrer anmutigen Leichtigkeit und eleganten Form und stehen in starkem Gegensatz zu dem überladenen Stil jener Zeit, der im Palais Liechtenstein durch Stühle ihres Meisters Carl Leistler ebenfalls vertreten ist.

Das Palais Liechtenstein wurde im Zweiten Weltkrieg schwer beschädigt, doch die vor einigen Jahren begonnene Restaurie-

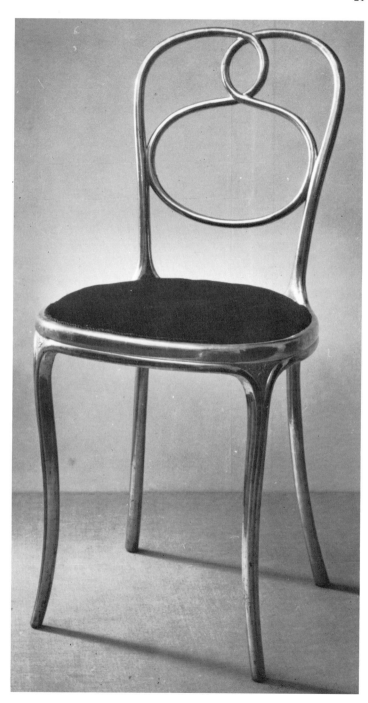

1843–46
Vergoldeter Salonsessel
mit rotem Bezug, von
den Thonets aus Schichtholz
für das Palais Liechtenstein
hergestellt. Die Form ist
zwar offenkundig vom
Rokokostil des Palais beeinflußt, paßt sich aber ganz
der von Thonet ausgearbei-
teten Schichtholztechnik
an.

rung ist jetzt beendet. Der damalige Parkettfußboden der Thonets wurde wieder aufgefrischt und zeigt heute seine ursprüngliche Pracht und Schönheit.

Nachdem das Palais 1846 vollendet war, arbeiteten Thonet und seine Söhne an der Firmenspezialität, der Parkettherstellung, in Leistlers Fabrik weiter. Als der Vertrag im Frühjahr 1849 auslief, schlug er Leistler eine Partnerschaft vor, bei der Leistler das Kapital und die Einrichtung zur Verfügung stellen sollte, während er selbst sein Privileg einbringen und die Produktionsleitung übernehmen wollte. Thonet, der sicher nicht viel Geld besaß, bestand auf so harten Bedingungen für das gemeinsame Unternehmen, daß daraus seine Absicht zu erkennen ist, nicht mehr für Leistler an luxuriösen Einzelstücken zu arbeiten, sondern sich ganz selbständig zu machen. Soweit wir wissen, hatte er sich schon das Vorkaufsrecht auf einige Werkstätten in der Stadt gesichert.

Carl Leistler lehnte ab, und Thonet gründete mit seinen Söhnen einen eigenen Betrieb zur Herstellung von Bugholzmöbeln.

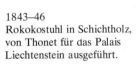

1843–46
Rokokostuhl in Schichtholz, von Thonet für das Palais Liechtenstein ausgeführt.

1843–46
Rokokostuhl mit handgeschnitzten Verzierungen, mit denen die Verbindungsstellen kaschiert werden. Von dem Kunsttischler Carl Leistler in Lindenholz für das Palais Liechtenstein ausgeführt.

1843–46
Salon mit Kamin im Palais
Liechtenstein. Parkettfußbo-
den und Salonstühle von
Michael Thonet und seinen
Söhnen ausgeführt.

WIEN

Die Februarrevolution, die 1848 in Frankreich die Monarchie zu Fall brachte, weckte bei den mitteleuropäischen Völkern neue Hoffnung auf nationale Selbstbestimmung und freie demokratische Verfassungen. In Österreich, der führenden Macht des Deutschen Bundes, führte die Unvereinbarkeit nationalistischer Tendenzen mit den liberalen Forderungen nach Freiheitsrechten des einzelnen ebenfalls zu revolutionären Aufständen in Wien, die jedoch im Herbst des gleichen Jahres niedergeschlagen wurden und zur Neuorganisierung des kaiserlichen Machtapparats führten.

Die alte Habsburger Monarchie war ein autoritär regierter Vielvölkerstaat, nach außen durch Zollschranken sowie Einfuhr- und Ausfuhrverbote abgeschlossen, im Inneren durch Zölle, Zensur, einen darniederliegenden Handel und einen fast in Leibeigenschaft befindlichen Bauernstand belastet. Schon 1834 hatte Preußen die Initiative ergriffen, um den größten Teil der deutschen Staaten im Zollverein zusammenzuschließen, aber Österreich hatte sich durch hohe Zollmauern selbst ausgeschlossen.

Beim Wiener Kongreß 1814/1815 war es Fürst Metternich, damals Außenminister, gelungen, Österreich zum Eckstein der Heiligen Allianz zwischen den Siegern über Napoleon zu ma-

Clemens Wenzel Lothar
Fürst von Metternich-Winneburg-Ochsenhausen,
Seiner Kaiserl: Königl: Apostolischen Majestät
Staats-Conferenz- und der auswärtigen Angelegenheiten
dirigirender Minister.

Fürst Clemens von Metternich, seit 1821 österreichischer Staatskanzler. Nach der Revolution in Wien floh er 1849 nach London, wo er als erster den älteren Johann Strauß auf seiner letzten England-Tournee begrüßte.

chen, die sich zum gegenseitigen Beistand im Kampf gegen die Bedrohung durch nationalistische und liberale Bewegungen verpflichtet hatten. 1821 wurde Metternich Staatskanzler; er war dem Kaiser persönlich für die innere Sicherheit verantwortlich, der 1824 vor einer Versammlung von Lehrern erklärte: »Wer mir dient, muß das lehren, was ich befehle. Wer das nicht kann oder neue Ideen aufbringen will, soll verschwinden, sonst werfe ich ihn hinaus.«

Wie es ein Zeitgenosse einmal bündig ausdrückte, wurde der Staat überwacht von einem stehenden Heer, einer knienden Priesterschaft und einer kriechenden Meute von Spitzeln.

Die Zeit zwischen dem Wiener Kongreß, bei dem nach dem Sturz Napoleons die Verhältnisse in Europa neu geregelt wurden, und der Revolution von 1848 wird oft als das ›goldene Zeitalter‹ Wiens bezeichnet. Man spricht vom ›alten Wien‹. In diesen Jahren herrschten Recht und Ordnung und ein bürgerlicher Eskapismus, der verständlich ist als Reaktion auf die Zeit von 1797 bis 1815, in der Österreich auf dem Schlachtfeld von Napoleon beschämend besiegt wurde, französische Truppen 1805 in Wien einzogen und 1809 im kaiserlichen Schloß Schönbrunn die demütigenden Friedensbedingungen diktiert wurden.

Kultur- und stilgeschichtlich wird diese Epoche Biedermeier genannt. Der Begriff bedeutete ursprünglich eine engstirnige, rückschrittliche, reaktionäre Einstellung zu den Fragen des täglichen Lebens und der Politik. In der Geschichte des Möbels bezeichnet Biedermeier jedoch heute eine bürgerliche Version des französischen Empire-Stils.

Um 1830 hatte in bescheidenem Umfang die Entwicklung der Industrialisierung eingesetzt. Sie sollte im Lauf der Zeit an die Stelle der Produktionsformen treten, mit denen die Handwerker unmittelbar für die Kunden gearbeitet hatten. Nachdem die Dampfmaschine eingeführt war, entstanden größere Betriebe und eine neue Zucker- und Maschinenbauindustrie.

Die Industrie begann sich zu organisieren und gründete in den dreißiger Jahren regionale Verbände zur Belebung des Handels. 1835, 1839 und 1845 fanden in Wien industrielle Ausstellungen statt, und Preismedaillen wurden in der Hofburg in Anwesenheit des Kaisers verliehen. 1838 wurden die Ein- und Ausfuhrverbote aufgehoben.

In der Umgebung von Wien stieg die Zahl der Textilfabriken, die Arbeitskräfte vom Land in die Stadt lockten. In den Baumwollspinnereien arbeiteten viele Kinder, von denen ein Drittel unter 14 Jahre alt waren. Die Arbeitszeit für Erwachsene und Kinder ging von 7.30 bis 19.30 Uhr mit einer Stunde Mittagspause. Gesetze zum Schutz der Arbeiter wurden nicht erlassen; es gab lediglich gewisse Sicherheitsbestimmungen hinsichtlich der Explosionsgefahr bei Dampfmaschinen. Unternehmer und Behörden waren sich ganz darin einig, daß die aufstrebende Industrie von der Gesetzgebung nicht behindert werden sollte.

Die Industriearbeiter wurden immer zahlreicher, und teilweise waren sie so arm, daß sie fast verhungerten. Die Sozialpolitik schien absurd zu sein, da ja führende Volkswirtschaftler wie Malthus oder Ricardo längst dargelegt hatten, daß der offene Wettbewerb notwendig und Notstände unvermeidlich seien. Mit zunehmender Sorge beobachteten die Machthaber, wie Solidarität und Kampfgeist in der Arbeiterklasse um sich griffen. Gesellen, die von ihrer Wanderschaft mit sozialistischen Ideen infiziert aus den Ausland zurückkamen, wurden bespitzelt und festgenommen.

Die aus der wachsenden Industrialisierung zwangsläufig hervorgegangene verarmte Arbeiterklasse erhielt zwar nicht genug, um anständig leben zu können, man versuchte sie aber durch Volksstücke und Tanzmusik zu unterhalten. Das ›alte Wien‹ war sorglos und friedlich, solange es tanzte. Der Walzerkönig Johann Strauß gründete 1844 eine eigene Kapelle. Sein berühmter Vater desselben Namens hatte sich eifersüchtig bemüht, ihn daran zu hindern; er hatte den Besitzern sämtlicher Tanzlokale angedroht, er werde nicht mehr bei ihnen spielen, wenn sie seinen Sohn auftreten ließen.

Die Einführung von Maschinen, niedrige Löhne, zunehmende Arbeitslosigkeit und steigende Lebensmittelpreise führten zu Unruhen. 1844 kam es zu einem Arbeiteraufstand in Prag, 1846 in den böhmischen Fabrikstädten. Die Drucker rebellierten vergeblich gegen die Aufstellung der neuen Druckpressen, die sie arbeitslos machten.

Metzger- und Bäckerläden wurden in Wien geplündert, und 1847 mußten die Behörden Volksküchen für die Allerärmsten einrichten.

Stadtplan der Wiener Innenstadt mit dem umgebenden Glacis und den Exerzierplätzen (1850). Erst 1857 gab der Kaiser Befehl, die Festungswerke zu schleifen, wie es dann 1860 geschah. Thonets erste Werkstatt lag in dem Vorort Gumpendorf, etwa 2,5 km südwestlich des Zentrums.

Die durch die Industrialisierung verursachten Spannungen zwischen den konservativen besitzenden Klassen, die die Dynastie unterstützten, und der liberalen Bürgerschaft und den Studenten, die eine neue Verfassung verlangten, wurden immer größer.

Der Vielvölkerstaat litt zudem unter Interessenkonflikten zwischen den verschiedenen ethnischen Gruppen: Deutschen, Ungarn, Kroaten, Tschechen, Slowenen, Serben, Italienern. Die nationalen Befreiungsbewegungen mit dem Ziel der Selbstbestimmung waren eine ständig zunehmende Bedrohung des Regimes.

Im März 1848 demonstrierten Studenten und liberale Bürger im Stadtzentrum von Wien für demokratische Freiheitsrechte und parlamentarische Vertretungen in der Regierung. Parolen an den Hausmauern verlangten die Absetzung des verhaßten Staatskanzlers Metternich, und in Straßenkämpfen kamen Menschen ums Leben. Um der Wiederherstellung von Ruhe und Ordnung nicht im Wege zu stehen, reichte Metternich seinen Rücktritt ein. Der Hof nahm das Gesuch an und versprach Pressefreiheit und eine parlamentarische Verfassung. Im Juni berief der Kaiser einen Reichstag ein, dessen Hauptaufgabe es war, die vollständige Befreiung der österreichischen Bauern durchzusetzen, und ein entsprechendes Gesetz wurde auch spä-

Witzzeichnung von der Speisung der Allerärmsten in der Volksküche. Der Matrose zur Köchin: »He! Das ist aber kein altes Suppenhuhn, sondern ein alter Schuh!« Ihre Antwort: »Wer weiß, wovon man fett wird!«

Demonstration für Freiheitsrechte auf dem Universitäts-
platz in Wien in der Nacht
vom 13. zum 14. März
1848.

ter im September angenommen. In Mailand, Venedig, Prag und
im Freistaat Krakau kam es um dieselbe Zeit zu Unruhen, die
vom kaiserlichen Heer unterdrückt wurden.

Im Oktober, als Truppen aus ihren Garnisonen in Wien gegen
einen Aufstand in Ungarn, das die Selbstregierung verlangte,
entsandt wurden, flammte überraschend eine spontane Revolte
in der Stadt auf. Der Kriegsminister wurde gelyncht, das Zeug-
haus wurde gestürmt, die Waffen wurden an radikale Studenten und liberale Bürger verteilt, die in den Straßen Barrikaden
errichteten. Der Kaiser, Fürst Metternich und die Staatsbeam-
ten flohen aus der Stadt. Die kaiserlichen Truppen umzingelten
und beschossen Wien, und der Belagerungszustand wurde über
die Stadt verhängt.

Ohne Versorgung und Unterstützung von außen mußte Wien
bald kapitulieren. Während der darauffolgenden Terrorherr-
schaft wurden die Rebellenführer und viele Demokraten liqui-
diert. Der junge Strauß hatte seine Barrikadenlieder gespielt,
um die Freiheitskämpfer auf den Straßen Wiens anzufeuern;

Mai 1848: Barrikaden
auf dem Stephansplatz
in Wien. Nationalgardisten
haben sich auf die Seite
der Revolutionäre geschla-
gen.

sein Vater schloß sich später der Reaktion an und komponierte
Märsche zu Ehren der beiden Feldmarschälle (Radetzky und
Jellačić), die die aufständischen Ungarn und Italiener nieder-
gekämpft hatten.
Im Dezember 1848 dankte der epileptische, unfähige Kaiser
ab, und sein sehr junger Neffe Franz Joseph folgte ihm auf dem
Thron. Er berief sofort wieder einen Reichstag ein, der eine
freie Verfassung und ein Grundgesetz zur Sicherung bürgerlicher Freiheitsrechte ausarbeiten sollte.
Inzwischen hatten sich die politischen Verhältnisse wieder zu-
gunsten der herrschenden Schichten stabilisiert, nachdem das
Heer Budapest und Mailand eingenommen und mit Hilfe der
Russen den Aufstand der Ungarn, die das Haus Habsburg abgesetzt hatten, niedergeschlagen hatte. Schon im März 1849
wurde das Parlament aufgelöst, und die bürgerlichen Freiheitsrechte wurden widerrufen. Der neu eingesetzte Staatsrat bestand aus zwei Kammern; die eine wurde von den nationalen
Landtagen gewählt, die andere setzte sich aus Mitgliedern des

Hoch- und Landadels zusammen. Die Reaktion hatte gesiegt. Die einzige unmittelbare Auswirkung der Revolution von 1848 in Wien war, wie schon erwähnt, die Befreiung der Bauernschaft, also jenes Teils der Bevölkerung, der an der Revolution keinen Anteil genommen hatte, der belagerten Hauptstadt nicht zu Hilfe gekommen war und sich völlig aus dem Kampf um eine freie Verfassung herausgehalten hatte.

Welchen Einfluß die Aufhebung lehnsherrschaftlicher Verhältnisse in den nächsten Jahren auf den Aufschwung von Thonets Bugholzmöbelproduktion hatte, sei im folgenden dargestellt.

Nachdem die erregte Menge im Oktober 1848 in das Kriegsministerium eingedrungen war, wurde der Verteidigungsminister, Graf Latour, brutal ermordet, ausgezogen und an einem Laternenpfahl vor dem Regierungsgebäude aufgehängt.

DER VATER UND DIE SÖHNE

Im Frühjahr 1849 machte sich der jetzt dreiundfünfzigjährige Michael Thonet mit seinen vier älteren Söhnen an die Herstellung von Bugholzmöbeln. In den schwierigen Anfängen erhielten sie finanzielle Unterstützung von Thonets Gönner, dem Architekten Desvignes, der im weiteren Verlauf des Jahres einen Großauftrag aus England erwartete und dazu auch die Familie Thonet mit ihrem besonderen Können heranziehen wollte, doch dieser Plan wurde nicht verwirklicht.

Als Stuhl Nr. 1 ihrer Eigenproduktion fertigten sie einen kunstvollen Stuhl in Schichttechnik für das Palais des Grafen Schwarzenberg. Er glich dem Stuhl für das Liechtenstein-Palais, doch erstmals wurden die vorderen Füße als gesonderte, gedrehte Teile des Stuhls gefertigt. Als nächstes entwarfen sie das erste Stuhlmodell, das sich für die Serienherstellung und den Großvertrieb eignete. Der Stuhl bestand ebenfalls aus Schichtholz: Fünf Schichten dünner Holzlatten wurden in Leim gekocht, zusammengefügt, in einer Form gebogen und schließlich getrocknet.

Der Stuhl wurde im Niederösterreichischen Gewerbeverein ausgestellt, fand große Beachtung und wurde in der Presse gewürdigt. Erst jetzt wurde Fürst Liechtenstein auf Thonet als den Mann aufmerksam, der die prachtvollen Parkettfußböden

Um 1864
Die fünf Brüder Thonet
mit ihrem Vater. Von
links:
Michael (1824–1902),
Josef (1830–1887),
August (1829–1910),
Franz (1820–1898) und
Jakob (1841–1929).
Michael und August bauten
zusammen mit ihrem Vater
die neue Fabrik und richte-
ten sie ein.

1849
Stuhl in Schichttechnik
für das Palais Schwarzen-
berg. Lehne und Hinter-
beine bestehen aus einem
Stück, das mit dem Sitzring
verschraubt und verleimt
ist. Die vorderen Beine
mit den oben angebrachten
Verstärkungen sind aus
massivem Holz gedreht
und mit dem Sitzring ver-
zapft.

1849
Der Stuhl Nr. 4 für das
Kaffeehaus Daum am
Kohlmarkt in Wien. Rük-
kenlehne und Sitz wurden
aus vier bis fünf Schichten
Mahagoni gefertigt. Die
vorderen Beine mit den
oberen Verstärkungen
wurden aus massivem Holz
gedreht. Später kam ein
Fußreifen für die vier Beine
dazu.

und Salonstühle in seinem Palais hergestellt hatte. Er bewies das größte Interesse für die junge Firma und unterstützte Thonet mit Bestellungen auf Stühle (die er, wie es hieß, teilweise gar nicht benötigte) für seine vielen Schlösser.

Die Ausstellung zeitigte bald ihre Wirkungen. Thonet erhielt den ersten Auftrag für ein öffentliches Lokal: Stühle für das vielbesuchte Wiener Kaffeehaus Daum. Der Stuhl – mit Nr. 4 bezeichnet – eignete sich als erster für die Serienfertigung, denn es war Thonet gelungen, den Stuhl ganz in gebogene Einzelteile zu zerlegen. Die Daum-Stühle wurden aus Mahagoni in Schichttechnik hergestellt und waren fast dreißig Jahre im Gebrauch, bis sie durch neue Thonet-Stühle ersetzt wurden.

Auf Anregung von Desvignes, der sich in England befand, entwarfen die Thonets jetzt Modelle für die erste Weltausstellung 1851 in London. Albert, Prinzgemahl von Königin Victoria, hatte den Plan einer großen Ausstellung aufgebracht, als »Huldigung an den Fortschritt und als Vorbild für einen großzügigen Wettbewerb unter allen Völkern, um die Einheit der Menschheit zu verwirklichen«.

Große Worte – auch das Gebäude war groß. Nach langen, hitzigen Auseinandersetzungen entschied sich der Ausschuß schließlich für eine phantastische Eisen- und Holzkonstruktion, den Kristallpalast, der von dem Landschaftsgärtner und Gewächshausexperten Joseph Paxton entworfen worden war. Die zweifellos symbolische Länge des Bauwerks betrug 1851

1851
Thonets Salongarnitur bei der Londoner Ausstellung. Mit dem in Schichttechnik aus Palisander gefertigten, von der Rückenlehne über den Sitz bis zu den Beinen aus einem Stück bestehenden Rahmen erweisen diese Möbel ihre Verwandtschaft zu dem Salonstuhl für das Palais Liechtenstein.

1851
Innenansicht der Querhalle des Kristallpalasts in London. Die leichte, vorgefertigte Eisen- und Holzkonstruktion mit Glasdach und Glaswänden ergab einen riesigen transparenten Raum, der zu jener Zeit ein technisches und konstruktives Wunder war. Ein enormer Gegensatz bestand jedoch zwischen der Architektur und den überladenen kunsthandwerklichen Ausstellungsstücken. Die Ausstellung zählte über 6 Millionen Besucher.

Fuß (etwa 560 m) und die gesamte Ausstellungsfläche etwa 92 000 qm, davon etwa 20 000 qm offene Galerien.

Das Skelett des Kristallpalasts wurde aus vorgefertigten Gußeisenteilen in Rekordzeit aufgestellt, und zwar im Hyde Park, wo einige sehr alte Ulmen gefällt werden mußten. Auf den zornigen Protest der Londoner hin ließ Paxton ein paar der größten Bäume unter dem gläsernen Tonnengewölbe der Halle im Querschiff stehen. Als die Eröffnung nahte, stellte sich heraus, daß Sperlinge in den Baumwipfeln nisteten, und man mußte befürchten, daß Vogelmist auf die Köpfe der Königin und der Würdenträger fallen würde. Es war ein echtes Dilemma; Vogelleim auf den Zweigen nutzte nichts, da die Vögel überall waren, und sie in dem verglasten Haus abzuschießen, wäre auch nicht sehr effektiv gewesen. Es heißt, daß Sperber die Sperlinge beseitigten.

In der Abteilung für Kunstmöbel (Klasse 26) stellte Thonet seine Luxusmöbel aus: zwei Armstühle und ein Kanapee als Sa-

1851
Ziertischchen mit Eau-de-
Cologne-Springbrunnen,
von Carl Leistler für die
Ausstellung in London
hergestellt. Ein Beispiel
für die vulgären Geschmack-
losigkeiten, die für die
meisten ausgestellten Kunst-
tischlerarbeiten bezeichnend
waren.

longarnitur und drei Tische, einen rechteckigen aus Rosenholz mit leierförmig gebogenen Füßen und zwei runde, deren Platten mit Schildpatt, Messing und Perlmutt eingelegt waren. Diese Möbel waren natürlich Schaustücke, die ohne Rücksicht auf die Kosten hergestellt worden waren. Bei den Tischfüßen hatte Thonet mit phantasievollen gebogenen Formen die Möglichkeiten des Bugholzes auf exemplarische Art gezeigt.

Diese kunstvollen Möbel zogen mit ihrer Originalität und eleganten Formgebung große Aufmerksamkeit auf sich und wurden mit einer Bronzemedaille ausgezeichnet. Desvignes, der treue Bewunderer von Vater Thonet, kaufte die Ausstellungsstücke für sein Landhaus in Lewisham südlich von London. Als er 1883 starb, kaufte die Familie Thonet sie zurück.

Aber Thonet wurde in den Schatten gestellt von seinem früheren Arbeitgeber Carl Leistler, dessen holzgeschnitzte Möbel die höchste Auszeichnung, die Council Medal, erhielten. Sein Förderer war Fürst Alois von und zu Liechtenstein; er stellte eine ganze Suite aus, einschließlich einer Bibliothek mit einem wuchtigen, ›gotischen‹ Bücherschrank aus geschnitzter Eiche von 5,8 m Länge und 4,5 m Höhe. Der österreichische Kaiser schenkte dieses Prunkstück später Königin Victoria zum persönlichen Gebrauch.

Thonets elegante Möbel unterschieden sich erheblich von anderen ausgestellten Kunstmöbeln, deren illustrative Holzschnitzereien durch die Verquickung verschiedener Stile den herrschenden, aber schlechten Geschmack des Historismus dokumentierten. Das ausgestellte Kunsthandwerk wird im Tagebucheintrag eines zwölfjährigen Mädchens wahrscheinlich einigermaßen treffend charakterisiert: »Oh, es war das Paradies, es sah nicht so aus, wie es wirklich war – es war entzückend!«

Am 28. Juli 1852 erhielten Michael Thonet und seine Söhne folgendes Privileg: »Dem Holze durch Schneiden und wieder Zusammenleimen jede beliebige Biegung und Form in verschiedener Richtung zu geben.« Das war notwendig, da Thonet weitere Versuche angestellt hatte, um die Schichttechnik zu verbessern und zu vereinfachen und damit größere Biegemöglichkeiten zu erzielen. Ende 1852 richtete die Firma ein kleines Verkaufsbüro und einen Ausstellungsraum in Wien ein.

Schon im Frühjahr 1853 war der Verkauf von Stühlen so stark

1851
Thonets rechteckiger Tisch
für die Ausstellung in London. Auf eine rationelle
Ausführung wurde verzichtet, um an dem Untergestell
die unerschöpflichen Möglichkeiten der neuen Bugholztechnik zu demonstrieren.

1851
Thonets Nähtischchen
für die Ausstellung in London. Die Platte wird von
acht spiralig gewundenen
Rundstäben getragen,
die paarweise in vier Beinen
zusammentreffen.

angestiegen, daß die Produktion der Werkstätten nicht mehr ausreiche und der Betrieb in neue, gemietete Räume umziehen mußte. Die Thonets beschäftigten damals 42 Arbeiter, darunter 17 Tischler und einen Dreher, und hatten eine kleine Dampfmaschine von 4 PS aufgestellt. Das Geflecht für die Stuhlsitze wurde in einem anderen Betrieb der Stadt hergestellt. Im selben Jahr übertrug Vater Thonet den Betrieb auf seine fünf Söhne; die Firma Gebrüder Thonet wurde eingetragen. Der jüngste Sohn, Jakob, war erst zwölf Jahre alt, der Vater aber trat an seine Stelle, und obwohl er nicht Mitinhaber war, behielt er doch die Leitung bis zu seinem Tode.

1854 stellten die Gebrüder Thonet in München aus und erhielten eine Medaille, im folgenden Jahr wurden ihre Möbel im Industriepalast der Weltausstellung in Paris mit der Silbermedaille ausgezeichnet. In der Abteilung für Holzindustrie wurden auch Rohstoffe und Halbfertigerzeugnisse ausgestellt.

Im Gegensatz zu den teuren Luxusmöbeln in London zeigte die Firma bei diesen Ausstellungen einfache Gebrauchsmöbel, die in Österreich schon überall vertrieben wurden und sich in annehmbaren Preislagen hielten. Die Thonet-Brüder stellten als einzige massengefertigte Bugholzstühle aus und erregten damit bei den Fachleuten und beim allgemeinen Publikum große Aufmerksamkeit. Die Ausfuhr lief an; der erste Auftrag aus Südamerika wurde notiert.

Die Herstellung dieser Stühle beruhte auf dem Prinzip des Prototyps, des Stuhls Nr. 4. Der Stuhl bestand aus drei Teilen: erstens dem Sitz, zweitens den hinteren Beinen und der Lehne in Schichttechnik und drittens den vorderen Beinen aus massivem Holz, die oben verstärkt und durch Zapfen mit dem Sitzrahmen verbunden wurden. Da die Bugholzstühle sich aus einigen wenigen Elementen zusammensetzten, die verschraubt oder mit Zapfen verbunden wurden, nahmen sie in unmontiertem Zustand beim Transport wenig Platz ein. Wegen der niedrigen Transportkosten eigneten sich diese Stühle hervorragend für den Export.

Trotz der Erfolge in München und Paris und der steigenden Nachfrage sorgte sich Thonet wegen der Holzmenge, die pro Stuhl gebraucht wurde, und auch wegen der zunehmenden Knappheit an geeignetem Buchenholz. Eine teure Einfuhr von Holz aus fernliegenden Zollgebieten sowie die steigenden

Löhne in Wien hätten dazu führen können, die Preise unverhältnismäßig zu erhöhen. Dazu kam, daß die in Schichttechnik hergestellten Teile der Stühle beim Überseetransport und in tropischen Gegenden Schwächen aufwiesen, da der Leim in der feuchten Luft Wasser aufnahm und das Schichtmaterial aufblätterte.

Das Schichtverfahren erforderte auch viel Arbeit, und die Verwendung von massivem Holz stellte sich als echte Vereinfachung dar. Wenn massives Holz gebogen werden konnte, ohne daß es an der Außenseite splitterte, war eine die Möbelherstellung revolutionierende Erfindung gelungen.

Thonet und seine Söhne experimentierten mit Dampf, um massives Holz biegsamer zu machen. Am 17. Juni 1856 erhielten sie das Privileg »auf die Anfertigung von Sesseln und Tischfüßen aus gebogenem Holze, dessen Biegung durch Einwirkung von Wasserdämpfen oder siedenden Flüssigkeiten geschieht«. Bezeichnend ist, daß in diesem Wortlaut die beiden wichtigsten Begriffe, Stuhl und Dampf, enthalten sind. Im selben Jahr erhielten Michael Thonet und seine Söhne die österreichische Staatsbürgerschaft.

Die Vorbehandlung mit Dampf genügte jedoch nicht, um dem massiven Holz dieselbe Biegung zu geben wie Schichtholz. Um zu verhindern, daß das gebogene Holz splitterte, kam Thonet auf die Idee, eine dünne, schmale Stahlschiene auf der Seite des Stabes zu befestigen, die nach dem Biegen außen lag. Mit Hilfe dieser ziemlich einfachen ›Erfindung‹ gelang es Thonet schließlich, massives Holz beliebig zu biegen, ohne daß es splitterte. Nun konnten alle Einzelteile des Stuhls auf der Drehbank bearbeitet werden, ehe sie mit Dampf behandelt und gebogen wurden, und damit war die Voraussetzung für die Massenproduktion von Bugholzstühlen geschaffen.

Um diese epochemachende Leistung richtig würdigen zu können, müssen wir uns mit den Eigenschaften von Holz, besonders beim Biegen, vertraut machen.

DAS BIEGEN VON HOLZ

Die Flexibilität eines Werkstoffs ist sein Vermögen, eine neue Form anzunehmen und sie beizubehalten, wenn die von außen wirkende Kraft aufhört. Wir kennen die hohe Flexibilität von Blei und nutzen sie entsprechend. Im Gegensatz zum Biegevermögen steht die Elastizität, das Vermögen eines Werkstoffs, in seine ursprüngliche Form zurückzuspringen, wenn die Kraft nicht mehr wirkt. Ein Beispiel dafür ist Federstahl.

Trockenes Holz ist nicht sehr biegsam. Es ist ziemlich elastisch, bricht aber jenseits der Elastizitätsgrenze sehr rasch. Die Biegsamkeit liegt zwischen der Elastizitätsgrenze und der Bruchgrenze des Werkstoffs. Wenn ein Bruch vermieden werden soll, darf die Krümmung nicht zu stark sein. Nach einer alten Regel muß der Krümmungsradius wenigstens der dreißigfachen Dicke des Werkstoffs entsprechen. Ein Stück Holz, zum Beispiel ein zylindrischer Stab, läßt sich am leichtesten biegen, wenn die Fasern in Längsrichtung verlaufen. Die Jahresringe stehen also im rechten Winkel zur Biegungsrichtung.

Beim Biegen von Holz werden die Fasern in der Mitte des Werkstücks nicht betroffen (neutrale Zone), während die Fasern auf der Außenseite der Krümmung gedehnt und die Fasern auf der Innenseite zusammengedrückt werden (Zugspannung beziehungsweise Druckspannung).

In den Zeiten, als die Menschen noch kein Holz zu biegen verstanden, wurden entsprechend krumm gewachsene Äste oft als Handgriffe für Pflüge benutzt. Sie waren widerstandsfähig, weil die gewachsenen Fasern der Form folgten. Die ältesten Biegemethoden stammen aus dem Schiffsbau, wo die Planken mit Dampf behandelt und noch heiß auf den Bohlenbogen befestigt wurden. Die Krümmung war natürlich sehr gering; es handelte sich nicht um ein echtes Biegen. Um 1810 begannen einige Stellmacher, Radreifen aus einem oder zwei Stücken Eichenholz zu biegen. Das Holz wurde in kochendem Wasser aufgeweicht, in eine Form gespannt und an der Sonne getrocknet. Die Methode war materialsparend, die Räder hielten länger und machten beim Fahren weniger Lärm.

Den Kunsttischlern gelang es, Holz stark zu biegen, ohne daß es an der Außenseite splitterte. Sie wandten die Schichttechnik an, bei der dünne Latten in mehrere Schichten aufeinandergelegt, in Leim gekocht, in eine Form gespannt und getrocknet werden. Die einzelnen Latten werden vom Biegen kaum beeinflußt, da die gehärteten Leimschichten die Spannungen aufnehmen.

Mit diesem Verfahren experimentierte Michael Thonet als junger Handwerksmeister in den dreißiger Jahren des letzten Jahrhunderts, und er gelangte dabei, wie schon erwähnt, zu gebogenen Stuhlelementen in Schichttechnik, die nach der traditionellen Methode aus massivem Holz geschnitten und dann entsprechend bearbeitet worden waren.

Schichtholz kann nur in einer Richtung gebogen werden, und mit dieser Einschränkung gab sich Thonet auf die Dauer nicht zufrieden. Er setzte daher seine Versuche fort und zerschnitt

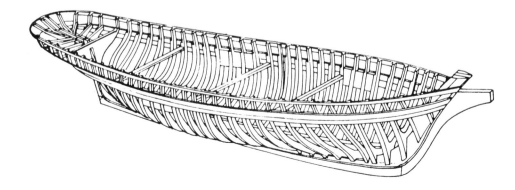

Gedämpfter, gebogener Rundstab, mit Stahlschiene armiert, in Gußeisenform. Maßstab etwa 1:10. Fig. a Vorderansicht, Fig. b Seitenansicht, Fig. c Querschnitt. h bezeichnet den abgedrehten gedämpften Holzstab (Hinterbeine und Rückenlehne des Stuhls Nr. 14), a die halbrunde Form und b die Stahlschiene. Durch die Schraubzwingen z und die Keile k ist der Holzstab fest mit der Schiene und der Form verbunden. Wird die mit ihrer Spindel auf der Hirnfläche des Holzendes aufsitzende Schraube s angezogen, so wird der Keil um so stärker in den Eisenring r geklemmt. Die gebogenen Stäbe werden samt den Biegformen in Trockenkammern gebracht und bei 70° C etwa 20 Stunden lang getrocknet. Erst dann werden sie aus den Formen genommen, und die Stahlschiene wird entfernt. Danach werden die Rundholzstäbe mit Raspel und Sandpapier geschliffen und schließlich gebeizt und poliert. (Nach W.F. Exner: *Das Biegen des Holzes.* Weimar 1876; neue Ausgabe Leipzig 1922.)

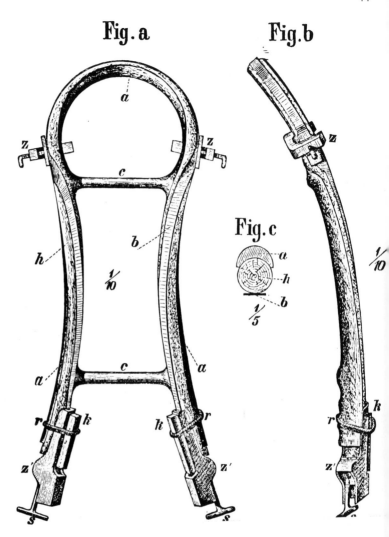

Fig. a

Fig. b

Fig. c

gebogenes Schichtholz in Streifen, die er zusammenleimte. Auf diese Weise konnte das Werkstück in verschiedenen Richtungen gebogen werden.

Ein zweimaliges Schichtverfahren erforderte natürlich viel Arbeit und Zeit, deshalb kam Thonet bei seinen Experimenten auf den naheliegenden Gedanken, Holzlatten in sehr dünne Stäbe von quadratischem Querschnitt zu zerschneiden, die dann als Schichtholz beliebig gebogen werden konnten.

Die Fig. d und e zeigen
eine mehrteilige Biegform
in der Seitenansicht und
im Profil. Die Formteile
aI, aII, aIII und aIV werden
nacheinander aufgebaut.
Der Stab h wird bei aI
eingelegt und gebogen,
bis er bei aIV festgeschraubt
wird. Der Querschnitt
Fig. e zeigt die rechteckige
Biegform, in die der mit
der Stahlschiene b armierte
Stab h eingelegt wird.
(Nach W.F. Exner: *Das
Biegen des Holzes.* Weimar
1876; neue Ausgabe Leipzig
1922.)

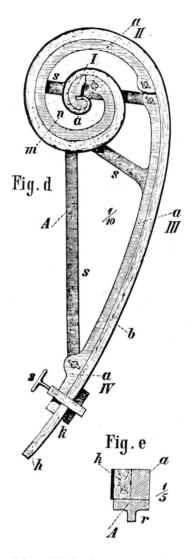

Fig. d

Fig. e

Diese Methode war aber immer noch zu kompliziert für die
Herstellung billiger Stücke in großen Mengen. Thonet verein-
fachte das Schichtverfahren, indem er einige wenige viereckige
Stäbe spiralförmig verformte, um eine freie Krümmung zu erzielen. Nach dem Biegen mußte das gedrehte Werkstück aber
zylindrisch geformt und sorgfältig von Hand geglättet werden,
damit der fertige Stuhl fest und haltbar wurde. Nach diesem
Verfahren wurden die Stühle für das Kaffeehaus Daum (Nr. 4)

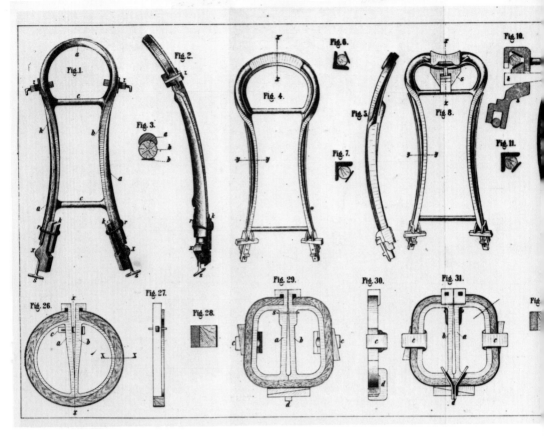

Biegeformen aus Gußeisen für Rückenlehnen (links), Sitzringe und Stuhlbeine (unten) sowie für Spiralbiegung und Rückenlehneneinsatz (rechts). Mit diesen Formen und Metallstreifen auf der Außenseite der Krümmung gelang es Michael Thonet, das Holz in beliebigen Richtungen zu biegen.

und die in Paris ausgestellten Stühle hergestellt, die die Nachfrage weckten und die ersten Exportaufträge eintrugen.

Wie schon ausgeführt, löste sich das Schichtholz beim Überseetransport und in feuchtem Klima in seine Einzelteile auf, und dazu kam die zwingende Notwendigkeit, die Herstellung zu vereinfachen. Beides ließ die Verwendung von massivem Holz geraten erscheinen.

Mißt man eine massive Holzlatte vor und nach dem Biegen, so stellt man fest, daß sie innen kürzer geworden ist (das Holz wurde zusammengedrückt), während sie sich außen gedehnt hat (das Holz wurde bis zum Bruchpunkt gezogen). Thonet versuchte nun zuerst, massives Holz durch langdauernde Dampfbehandlung (dabei entstehen höhere Temperaturen als beim Kochen) biegsamer zu machen, aber dies genügte nicht, um ein

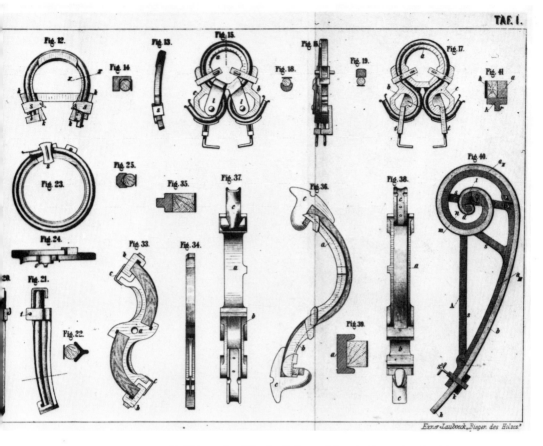

TAF. I.

Exner-Laubeck „Biegen des Holzes"

Splittern des Werkstücks auf der Außenseite der Krümmung zu verhindern. Das Hauptproblem war immer noch, dafür zu sorgen, daß die Fasern in der unter Zugspannung stehenden Zone nicht rissen. Ziel der fortgesetzten Bemühungen Thonets war es deshalb, die Druckfestigkeit des Holzes auszunutzen und gleichzeitig die Zugspannung zu verringern.

Wie schon erwähnt, löste Thonet dieses Problem auf sehr einfache, aber geniale Weise. Er befestigte eine dünne Stahlschiene auf der Seite des gedämpften, gedrehten Stabes, die nach dem Biegen konvex wurde, also auf der Außenseite der Krümmung. Die Stahlschiene war 0,6 – 0,8 mm dick und wurde an beiden Enden wie auch in der Mitte mit verkeilten Schraubzwingen an dem Holzstab befestigt.

Beim Biegen konnte sich nun die fest mit der Stahlschiene verbundene Seite des Holzes nicht mehr ausdehnen als die Schiene selbst, also nur sehr wenig. Die Schiene nahm die Zugspannung auf und drückte das Holz zusammen.

Bei Verwendung von massivem Holz konnten die gebogenen Teile des Stuhls nun vor dem Biegen gedreht werden.

Nach jahrelangem unablässigem Experimentieren hatte Thonet endlich ein Herstellungsverfahren ausgearbeitet, das die Möbelindustrie revolutionierte und die Entwicklung des Bugholzstuhls zu einem massengefertigten Gebrauchsartikel für den inländischen, ausländischen und überseeischen Markt technisch möglich machte.

DIE NEUE FABRIK

Die Werkstätten in Wien waren für eine Massenproduktion von Bugholzstühlen völlig ungeeignet, und außerdem wurde es immer schwieriger, Buchenholz in ausreichender Menge zu beziehen. Anfang 1856 beschlossen die Thonets deshalb, den Betrieb aus der Stadt hinauszuverlegen und eine neue Fabrik in Koritschan zu bauen, einem kleinen, von Wäldern umgebenen Städtchen in Mähren, wo die erste Eisenbahn schon 1841 zur Verbindung der Hauptstadt Brünn mit Wien gebaut worden war. Zuallererst schlossen sie einen langfristigen Vertrag mit dem ansässigen Grundbesitzer ab, um die Versorgung mit dem benötigten Rohmaterial aus den umgebenden Buchenwäldern sicherzustellen.

Schon im Frühjahr zog Vater Thonet mit seinen Söhnen Michael (32) und August (27) nach Koritschan und leitete persönlich den Bau und die Ausrüstung der neuen Fabrik nach eigenen Plänen. Die Söhne Franz (36) und Josef (26) blieben zurück und leiteten die Fabrik in Wien. Der jüngste Sohn, Jakob, war zu diesem Zeitpunkt erst 15 Jahre alt.

Bei der Organisation der Fabrik wurden neue, damals noch wenig verbreitete Produktionsmethoden angewandt: die Beschäftigung ungelernter Arbeitskräfte, eine rationelle Arbeitsteilung, die Entwicklung besonderer Holzbearbeitungsmaschinen und einer Dampfbehandlungsanlage, die aus Versuchsreihen hervorgegangen war. Der Produktionsprozeß wurde in Teilvorgänge aufgegliedert, die, soweit möglich, von Maschinen vorgenommen werden konnten. Um einen rationellen Produktionsgang zu gewährleisten, mußten die Einzelteile der Stühle entsprechend vorbereitet werden, ehe sie gebogen wurden. Zu diesem Zweck erfanden und konstruierten die Thonets mechanisch betriebene Maßdrehbänke, mit denen die zugeschnittenen Stäbe automatisch in variierende Querschnitte gedreht werden konnten.

Aus Mangel an Investitionskapital waren die Thonets gezwungen, auch andere Arbeitsmaschinen zu erfinden und zu bauen, darunter eine Gattersäge in einfacher Holzausführung zum Zersägen der Buchenstämme in Bretter. Die Endfertigungsarbeiten wie Glätten mit Raspel und Sandpapier, Polieren und Flechten des Sitzgeflechts wurden von jungen Mädchen ausgeführt, die zu Hause weiterarbeiteten, wenn sie heirateten. Auf diese Weise entwickelte sich eine Heimindustrie in Verbindung mit der Fabrik.

Das Rohmaterial, Rotbuche, stand nun in großen Mengen zur Verfügung, und im Lauf der Zeit konnte der Transport vereinfacht werden, als man statt der alten, mit Wasser betriebenen Sägewerke neue Sägewerke, die mit Dampfkraft arbeiteten, in den Wäldern errichtete. Die ersten Dampfsägewerke waren um 1840 aufgekommen und wurden, da sie von der Wasserkraft der Flüsse unabhängig waren, von großen Forstbesitzern in den Wäldern gebaut. Der Transport des Rohmaterials in die Fabrik wurde mit Wagen auf Straßen bewerkstelligt, bis die Nebenlinien der Eisenbahn ausgebaut wurden, denn Hartholz kann man nicht wie Weichholz flößen. Billige Arbeitskräfte gab es in Massen, aber ohne einen Stamm erfahrener Arbeiter war es sehr schwierig, eine ländliche Bevölkerung anzulernen, die arbeitslos oder als Tagelöhner auf den Feldern beschäftigt gewesen war.

Die Arbeitskräfte waren, wie schon erwähnt, Bauern, die verarmt waren, nachdem die Feudallasten durch die Reformgesetzgebung, die während der Revolution von 1848 ergangen war und in den folgenden Jahren durchgeführt wurde, aufgehoben worden waren. Die Reform besagte, daß über 50 000 Grundbesitzer für die Aufhebung des Zinsdienstes entschädigt

1856–57
Die erste neue Fabrik
in Koritschan, Mähren,
für die Massenfertigung
von Bugholzstühlen, von
Michael Thonet und seinen
Söhnen Michael und August
geplant, entworfen und
eingerichtet.

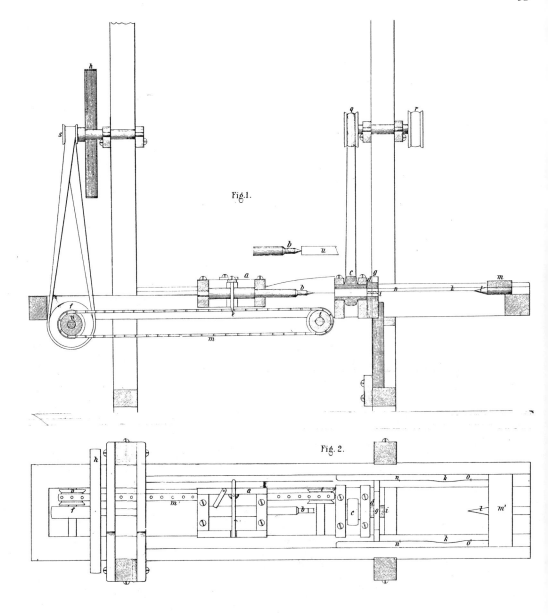

Fig. 1.

Fig. 2.

Das Drehen von Kantholz ▷
zu Rundstäben auf der
Maßdrehbank. Foto aus
der Fabrik in Bistritz 1921.

Thonets selbstkonstruierte Maßdrehbank, mit der er die Einzelteile der Stühle zu Rundstäben mit verschiedenem Durchmesser drehte. Maßstab etwa 1:30.
Das Material: Ein Kantholz von 3 x 3 cm Durchmesser wird von den zwei Spindeln b und l festgehalten und mittels des riemenbetriebenen Schlittens a von links nach rechts geführt. Gleichzeitig wird das Querstück m mit den Lehren n-k-o bewegt, die das Messer in dem beweglichen Gehäuse g steuern. Die Drehung wird dadurch in Gang gesetzt, daß das Holz durch eine quadratische Öffnung in der Welle der Riemenscheibe c geführt wird.

werden mußten, während mehrere Millionen früherer Zinslehenspflichtiger freie Bauern wurden. Vor der Befreiung der Bauern war die Aufteilung von Land in kleine Pachtgüter und das Zusammenlegen von Pachtgütern verboten.

Der Frondienst, der mit Zustimmung der Grundbesitzer nur zu einem kleinen Teil durch Zahlungen abgelöst werden konnte, war für die Bauern eine schwere Last. Bis zur Revolution von 1848 war er, so unglaublich dies heute klingt, wie folgt festgesetzt: Zwei Paar Pferde an einem Zehntel der Tage im Jahr und 104 Arbeitstage von je 10 Stunden mit eigenen Geräten.

Nachdem die Zinslehenspflichtigen Freisassen geworden waren, gerieten sehr viele Kleinbauern immer tiefer in Schulden, weil ihr Einkommen mit den steigenden Abgaben nicht Schritt hielt. Die Bauern, die vorher in Naturalien bezahlt hatten, mußten jetzt mit marktfähigen Produkten Geld verdienen. Als der Getreidepreis infolge freier Einfuhren von billigem Getreide und anderen landwirtschaftlichen Erzeugnissen aus Rußland ständig sank, mußten sie Nebenverdienste suchen und

Das Dämpfen in rohrförmigen Kammern von etwa 50 cm Durchmesser. Die Kammern sind einzeln mit Röhren ausgerüstet. Der Dampf wird unter Druck auf eine Temperatur von 125° C gebracht. Vorn sind die Kammern mit dichten Deckeln verschlossen.

als Tagelöhner bei den Großgrundbesitzern arbeiten, die sich dies zunutze machten und die Löhne niedrig festsetzten. Erst 1906 wurde die einheimische Landwirtschaft durch Einfuhrzölle geschützt.

Die Großgrundbesitzer, die vor allem in Mähren mit Hilfe der Frondienste ihrer Zinspflichtigen eine Großwirtschaft betrieben hatten, konnten den Verlust dieser Arbeitskräfte nicht aufwiegen, da es ihnen an Kapital und auch an landwirtschaftlichem Können fehlte. Wenn sie keine unterbezahlten Tagelöhner für die Arbeit auf den Feldern bekommen konnten, griffen sie zu ihrem neuen Recht, ihre Ländereien in kleine Güter aufzuteilen und diese an die früheren Zinslehenspflichtigen zu verpachten.

Als in einer zweiten Phase Großbauern und finanzkräftige Geldgeber auf das Recht der Grundbesitzer, ihr Land zu verkaufen, aufmerksam wurden, kauften sie kleine, verschuldete Pachtgüter auf und legten sie zusammen, wodurch sich rasch

Herstellung von Einzelteilen
im Werk Bistritz, 1921.

ein Proletariat von Bauern und Tagelöhnern, die kein Land be-
saßen, entwickelte. Die Aufhebung der Lehensordnung, das
Aufkommen kapitalistischer Unternehmungen und die freien
Getreideimporte führten dazu, daß die ›befreiten‹ Bauern eine
Arbeitskraftreserve bildeten, und diese war eine wesentliche
Voraussetzung für die industrielle Revolution in Österreich.
Das Anlernen dieser ungelernten Arbeitskräfte stellte die In-
haber der neuen Fabrik vor eine Reihe von schwierigen Pro-
blemen. Am Anfang mußten halbfertige Möbel in der Wiener
Fabrik fertiggestellt werden, und erst Ende 1857 gelang es,
auch in Koritschan fertige Stühle zu erzeugen. Das Jahr 1857
brachte eine Mißernte und Mehrimporte, so daß zum ersten
Mal in zehn Jahren die Handelsbilanz negativ war. Außerdem
befahl der Kaiser in jenem Jahr, die Befestigungsanlagen um
Wien zu schleifen, um das Gelände für die Stadterweiterung zu
nutzen und später Vororte einzugemeinden. Drei Jahre danach
wurde der Befehl ausgeführt.

Das Rohr wird direkt in die im Sitzring gebohrten Löcher eingeflochten. Thonet konstruierte selbst eine Spezialbohrmaschine.

Nachbearbeitung von gebogenen Formteilen. Werk Bistritz, 1921.

Das Beizen, Polieren und Flechten wird von Frauen ausgeführt. Werk Bistritz, 1921.

Im Frühjahr 1858 wurde die Fabrik in Wien aufgegeben und gleichzeitig ein Verkaufsbüro in der Leopoldstadt eröffnet. Der Gründer konzentrierte sich ganz auf die Entwicklung und den Betrieb der neuen Fabrik in Koritschan. In enger Zusammenarbeit mit seinen Söhnen lernte er die Bauern an und errichtete eine Produktionsstätte, die unter Beschäftigung von ungelernten Arbeitern für die Massenproduktion geeignet war.

Von da an galten die fortgesetzten Bemühungen von Michael Thonet und seinen Söhnen dem Entwurf von Stuhlmodellen, die als Massenware einen so niedrigen Preis hatten, daß sie für jedermann erschwinglich waren und rasch abgesetzt werden konnten. Im Werk Koritschan entstand 1859 der Stuhl Nr. 14, der Vierzehner, der sich als erfolgreichstes Modell der Thonet-Möbelindustrie und später auch gegenüber der Konkurrenz erwies und in den folgenden Jahren millionenfach hergestellt wurde.

DER STUHL NR. 14

Das Rohmaterial für die Produktion war, wie schon erwähnt, astfreies Holz von etwa 120 Jahren alten, geradwüchsigen Rotbuchen. Die Stämme wurden in Abschnitte von verschiedener Länge zersägt. Das Holz wurde nur zu etwa 40 Prozent für die Möbelherstellung verwendet; der Rest diente als Brennholz oder für die Produktion von Holzkohle. In Gegenden, in denen Brennholz nicht abgesetzt werden konnte, wurden nur ganz besonders gut geeignete Bäume gefällt. Nachdem die Dampfkraft an die Stelle der Wasserkraft getreten war, wurden die Sägearbeiten mit Dampfsägen bewerkstelligt, die, wie schon ausgeführt, in den Wäldern aufgestellt wurden, damit unnötige Transporte zur Fabrik vermieden werden konnten.

Der Bugholzstuhl besteht aus sechs Teilen: Ein durchgehendes, gebogenes Teil bildet die hinteren Beine und den Rücken, ein kleineres, gebogenes Teil ist der Stützbogen im Rücken, ein runder Sitzring, zwei vordere Beine mit Schrauben oder Zapfen, ein Fußreifen für die Stabilisierung der vier Beine. Eine kurze Beschreibung der Herstellung der aus massivem Holz bestehenden Einzelteile des Stuhls ist aufschlußreich:

1. Die Buchenstammabschnitte werden im Sägewerk zu Brettern zersägt, die mit Kreissägen zu Stäben von 3 x 3 cm Querschnitt geschnitten werden.

1859

Der Stuhl Nr. 14, der Vierzehner, wurde aus massen-
gefertigten Einzelteilen
aus massivem gebogenen
Buchenholz zusammenge-
schraubt. Das Modell ist
das Ergebnis einer Entwicklung, die um 1850 mit
den ersten in Eigenproduktion gefertigten Stühlen
in Schichttechnik, dem
Stuhl Nr. 1 für das Palais
Schwarzenberg und beson-
ders dem Stuhl Nr. 4 für
das Kaffeehaus Daum,
ihren Anfang nahm. Dies
waren erstmals Stühle,
die konsequent in ihre
Grundelemente aus geboge-
nem Schichtholz aufgeteilt
waren. Die vorderen Beine
mit den Verstärkungen
am oberen Ende waren
allerdings aus massivem
Holz gedreht. Als das
Biegen von massivem Holz
später technisch möglich
wurde, taucht beim Stuhl
Nr. 8 die gebogene Form
der Rückenlehne auf, die
Teil des massengefertigten
Modells Nr. 14 wurde.

Stuhl Nr. 14. Die kleinen Verstärkungsbogen zwischen Sitz und Rückenlehne wurden gegen Aufpreis mitgeliefert, wenn außergewöhnliche Festigkeit gefordert wurde.

2. Die Stäbe werden auf Maßdrehbänken in zylindrische Formen mit unterschiedlicher Dicke gedreht.

3. Die Stäbe werden auf die richtige Länge zugeschnitten und in der Dampfkammer unter Druck mit Dampf behandelt (dabei entstehen Temperaturen über 100° C).

4. Sofort nach der Dampfbehandlung werden die Stahlschienen an den Stäben befestigt, die gebogen und in gußeiserne Formen eingespannt werden.

5. Die gebogenen Teile werden bei 70° C in einer belüfteten Trockenkammer zum erstenmal und danach bei 35° C zum zweitenmal getrocknet.

6. Die gebogenen, getrockneten Teile werden aus den Formen genommen und in der Hobelmaschine bearbeitet.

7. Die geglätteten Stäbe werden mit einer Politur aus Schellack, Spiritus und Farbstoff behandelt.

8. Die runden Sitzringe werden mit einer Endlosverbindung geschlossen, das heißt, die schräg zugeschnittenen Enden werden aufeinandergepaßt und verleimt. Das Sitzgeflecht wird in den Löchern befestigt, die im Sitzring vorgebohrt sind.

9. Die sechs Teile werden mit 10 Schrauben zuerst locker, später fest verbunden.

10. Zum Versand werden 36 Stühle zerlegt und in Kisten von etwa einem Kubikmeter Inhalt verpackt. Die versandfertige Kiste wiegt etwa 240 kg.

Das Drehen von Standardteilen ermöglichte es, ohne Unterbrechung auf Lager zu arbeiten, völlig unabhängig vom Verkauf, der in Verkaufs- und Ausstellungsräumen betrieben wurde, die an den Hauptstraßen der Großstädte in Österreich und im Ausland lagen.

Das Hauptelement bei der Konstruktion der Thonet-Stühle ist also der *Rundstab,* der beim Stuhl Nr. 14 erstmals aus massivem Holz gefertigt wurde und somit ein Werkstück in einem konsequent geplanten Massenherstellungsprozeß standardisierter Teile bildet. Ein verhältnismäßig dünner, gerader Rundstab ist nicht besonders widerstandsfähig, aber durch das Biegen gewinnt er erhebliche Festigkeit gegen Beanspruchungen, die rechtwinklig zur Krümmung einwirken. Die Nutzung des Holzes in Form gebogener Stäbe ist allen anderen Verwendungsarten überlegen, da die Richtung der Fasern ganz der gebogenen Form folgt.

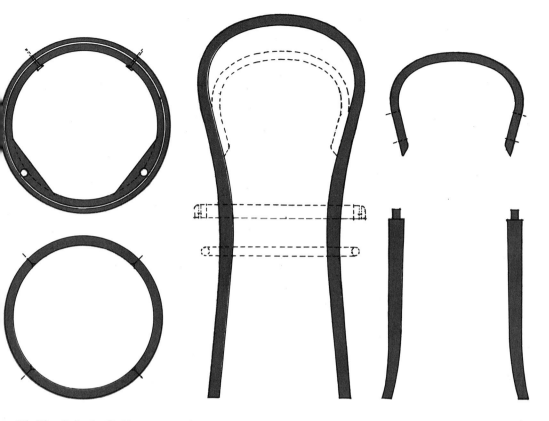

Die Einzelteile des Stuhls Nr. 14.
Links: Sitzring mit Verstärkung für die Zapfenlöcher und Nut für das Rohrgeflecht; Fußreifen für die vier Beine.
Mitte: Rückenlehne und hintere Beine in einem Stück.
Rechts: Stützbogen; vordere Beine mit Schraubzapfen.

In der traditionellen Kunsttischlerei benötigt man zur Herstellung gebogener Teile mehrere Stücke ausgewähltes Holz, die entsprechend geformt und zusammengefügt werden müssen und deren Abmessungen sich nach den Verbindungen richten, wobei viel Arbeit erforderlich ist und viel Abfall entsteht. Mit seiner Holzbiegetechnik erzielte Thonet maximale Festigkeit bei minimalem Materialaufwand und dazu noch geringes Gewicht und Elastizität. Der kreisrunde Querschnitt der Stäbe bietet außerdem große Wahlmöglichkeiten für die Krümmung der verschiedenen Teile.

Der Sitzring und die hinteren Beine werden mit Holzschrauben von innen her zusammengefügt, der Fußreifen, der die vier Beine zusammenhält, wird ebenfalls von innen angeschraubt. Die vorderen Beine werden mit Zapfen an der Unterseite des Sitzrings befestigt; dieser ist an den Zapfenlöchern verstärkt. Bei Stühlen für den Export wurden die Zapfen mit Gewinde-

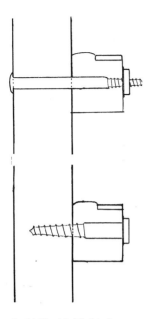

Stuhl Nr. 14. Verbindung
der Hinterbeine und des
Sitzrings mit Holzschrauben
oder Mutterschrauben.

hülsen aus Stahl versehen, um eine feste Verbindung, ungeachtet der klimatischen Verhältnisse, zu sichern und damit die Beine die richtige Stellung erhielten, wenn der Empfänger in Übersee die Stühle zusammenbaute. Durch die elastischen Schraubverbindungen ist der Stuhl torsionsbeständig. Im übrigen wurde den Käufern empfohlen, die Schrauben regelmäßig nachzuziehen.

Ein bezeichnendes Merkmal, durch das sich die Thonet-Stühle von vielen Nachahmungen unterscheiden und das ihnen auch, ohne daß man sich dessen bewußt wird, ihre Leichtigkeit und Eleganz verleiht, ist der wechselnde Querschnitt des Rundstabs. Er schwankt je nach der Beanspruchung, der das betreffende Teil ausgesetzt ist.

Beim Stuhl Nr. 14 stellen wir im durchgehenden Rundstab folgende Durchmesser fest: auf Fußbodenebene 28 mm, an der Sitzverbindung 35 mm, am höchsten Punkt der Lehne 24 mm. Der Stützbogen im Rücken und der Fußreifen haben nur 21 mm Durchmesser. Das gebogene Teil der hinteren Beine und der Lehne ist also dort am stärksten, wo es mit dem Sitzring verschraubt ist, und dort am dünnsten, wo sich der Gipfelpunkt der Krümmung befindet. Interessant ist, daß der schwankende Durchmesser des Materials schon bei dem in Schichttechnik gefertigten Prototyp auftritt, dem Stuhl Nr. 4, mit dem 1849 das Kaffeehaus Daum ausgestattet wurde.

Wie schon erwähnt, brachte Thonet dies dadurch zuwege, daß er das Rundholz auf besonderen Maßdrehbänken drehte, die er selbst konstruiert und auf diesen Zweck ausgelegt hatte. Damit gelang es ihm, ein Fabrikationsverfahren geheim zu halten und das geringe Kapital, das ihm zur Investition in die neue Fabrik zur Verfügung stand, sparsam zu verwenden.

Die unterschiedliche Dicke des gebogenen Rahmens, die lineare Kontinuität der Biegung und der rohrgeflochtene Sitz bewirken zusammen das ganz eigene leichte und elegante Aussehen des Thonet-Stuhls, der äußerst transparent wirkt und nicht viel Raum einnimmt. Die gebogene Form und die kontinuierliche Rundung umreißen räumlich die Sitzfläche für den Benützer. Die leicht geschwungene Rückenlehne gibt eine körpergerechte Rückenstütze ab, und auf dem runden, eckenlosen Sitz findet man schnell die richtige Sitzhaltung. Die durch den Reifen festgehaltenen, nach außen gebogenen Beine ma-

Stuhl Nr. 14. Detail der Montage von Vorderbeinen und Sitzring. Bei Stühlen für den Export nach Übersee wurden die Schraubzapfen mit Metallhülsen versehen, damit die Beine in der richtigen Stellung fest angeschraubt werden konnten, wenn der Empfänger die Stühle zusammenbaute.

chen den Stuhl standfest und hindern ihn am Umkippen, wenn man davon aufsteht. Die geschwungene Lehne ist gut zu greifen, wenn der Stuhl an einen anderen Platz gestellt werden soll, und es ist ein angenehmes Gefühl, sich daran anzulehnen und mit der Hand über das glatte, gebogene Holz zu streichen.

In der Fabrik in Koritschan wurden die Stühle hergestellt, die bei der internationalen Ausstellung in London 1862 gezeigt wurden. Die Ausstellung sollte eigentlich zehn Jahre nach der Weltausstellung von 1851 stattfinden, wurde aber wegen der Situation in Italien verschoben, das noch nicht zur politischen Einheit gefunden hatte. In London (Abteilung III, Klasse 30) stellten die Gebrüder Thonet erstmals ›billige Konsummöbel‹ aus massivem Holz in handwerklicher Vollkommenheit aus. Zu jener Zeit war der Stuhl Nr. 14 schon nachgeahmt worden, doch wegen der Fabrikationsgeheimnisse und Privilegien von Thonet wurden die Imitationen nach der bereits veralteten Schichttechnik gefertigt. Der Deutsche Zollverein beispielsweise stellte Bugholzstühle in Schichttechnik der Firmen Kohn in Schlesien und Andrecht & Bingel in Preußen aus.

Der Engländer William Morris, der 1861 eine kunstgewerbliche Werkstatt errichtet hatte, zeigte sogenannte mittelalterliche Möbel in herausragender handwerklicher Gestaltung. Am Rande sei erwähnt, daß auch der Architekt Desvignes, Vater Thonets Gönner und Bewunderer, an der Ausstellung teilnahm. In der Abteilung ›Philosophische Instrumente‹ zeigte er ein Mimoskop, das von den Preisrichtern lobend erwähnt wurde. Es war eine Spielerei, ein rotierender Zylinder mit aufeinanderfolgenden Zeichnungen, der die Illusion lebender Bilder erweckte und außerdem eine stereoskopische Wirkung erzielte. Von da an verlieren wir Desvignes leider aus den Augen.

Nach seiner Rückkehr nach England ist sein Schicksal unbe-
kannt; man weiß nur, daß er seinen eigenen Grabstein entwarf.

Die von den Gebrüdern Thonet ausgestellten Stühle wurden
von dem internationalen Preisgericht mit einer Bronzemedaille
ausgezeichnet. Im Bericht der Jury stand zu lesen: »Diese Möbelstücke sind eine hervorragende Anwendung eines glückli-
chen Gedankens; sie sind keine Schaustücke, sondern praktische Möbel für den täglichen Gebrauch; sie sind einfach, anmu-
tig, leicht und fest.« Dieses Lob steht in vorteilhaftem Gegensatz zu dem allgemeinen Urteil über die sonst ausgestellten
Möbel:

»Haushaltsmöbel, die bekannte Bedürfnisse befriedigen sol-
len, müssen vor allen Dingen nützlich und bequem sein, mit einem Wort: Sie müssen dem besonderen Zweck, für den jeder
Artikel bestimmt ist, genau entsprechen. Die schönste Schnit-
zerei und Vergoldung bringt niemals ein gutes Bett hervor,
wenn es so konstruiert ist, daß niemand darin schlafen kann.
Bei allen ausgestellten Gegenständen, die kunstvolle Verzierungen aufweisen, läßt sich leicht erkennen, daß die Erfin-
dungskraft wenig Anteil daran hat und daß ihr Hauptverdienst
lediglich in einer exakten Nachahmung irgendeines bekannten
Vorbilds besteht. Manchmal wurden durch Vermischung stili-
stisch unterschiedlicher Details seltsame Neuerungsversuche
unternommen. Durch solche unwürdigen Kombinationen entsteht nichts Originales. Es ist eine alte Regel, daß zwischen den
Einzelheiten und dem Gesamtentwurf stets eine logische Beziehung herrschen muß, und es überrascht, daß diese Regel
nicht häufiger befolgt wird.«

Tatsächlich waren die Möbel von Thonet fast die einzigen, die
dieser Regel entsprachen. Die Bugholzmöbel waren eine echte
Neuheit, die ihrem wahren Wert entsprechend gewürdigt wurde, und die Ausstellung weckte im Publikum großes Interesse.
Schon zeitig vor der Eröffnung hatten sich die Gebrüder Thonet in der Oxford Street einen Verkaufsraum gesichert, in dem
die Stühle ausgestellt wurden.

Außer den massengefertigten Bugholzmöbeln stellten die Gebrüder Thonet auch ein patentiertes Wagenrad aus, das sich besonders für Geschützlafetten und andere mit Pferden be-
spannte Fahrzeuge eignete und in langjährigen Versuchen mit

schweren Rädern entstanden war. Schon 1860 hatten die Thonets ein österreichisches Patent für eine besondere Nabenkonstruktion erhalten, die ein einfaches Auswechseln der Speichen gestattete. Es handelte sich um einen metallenen Wellenschaft mit einer Nabenhülse, in der keilförmige Speichen mit Hilfe einer Nabenkapsel befestigt werden konnten. Wenn Speichen zerbrachen, konnten sie durch Abschrauben der Kapsel leicht ersetzt werden.

Das preußische Kriegsministerium, dem ein solches Rad vorgeführt wurde, bestellte acht komplette Räder für zwei Kanonen. Die Räder funktionierten einwandfrei, aber als die Gebrüder Thonet das Patent verkaufen wollten, wurde ihnen mitgeteilt,

1849	1849	Um 1855
Stuhl Nr. 1 der Eigenproduktion, Auftragsarbeit für das Palais Schwarzenberg in Wien. Sitzring und Rückenlehne mit hinteren Beinen aus Schichtholz, mit Schrauben und Leim zusammengefügt. Die Vorderbeine, oben mit ›Kapitellen‹ verstärkt, sind erstmals aus massivem Holz gedreht und mit dem Sitzring verzapft.	Stuhl Nr. 4 für das Kaffeehaus Daum in Wien. Sitzring und Rückenlehne mit hinteren Beinen aus Schichtholz. Die Lehne ist insofern vereinfacht, als die ohrenförmigen Teile gesondert hergestellt und angeschraubt wurden. Die Vorderbeine sind oben verstärkt und wie beim Sessel Nr. 1 aus massivem Holz gedreht und mit dem Sitzring verzapft.	Stuhl Nr. 8 aus massivem Holz, in der Wiener Werkstätte hergestellt. Hier erscheint erstmals die einfache Gestaltung der Rückenlehne, die später für den Stuhl Nr. 14 übernommen wurde. Die Verstärkung der Vorderbeine mit ›Kapitellen‹ konnte bei weiteren Modellen entfallen, da der Fußreifen genügte, um für Stabilität zu sorgen.

in den Archiven des Kriegsministeriums habe sich eine alte Zeichnung einer gleichartigen Konstruktion gefunden, und die Originalität der Erfindung könne deshalb nicht anerkannt werden. Unter der Bezeichnung Thonet-Räder wurde dieser Radtyp daraufhin in Preußen hergestellt und bei der Feldartillerie eingeführt. Etwas später versuchte die Firma, das Rad nach England und Frankreich zu verkaufen, doch beide Länder wollten die Neuheit der Erfindung nicht anerkennen, und so scheiterte dieser Plan.

Der Stuhl Nr. 14, das billige, nützliche Sitzmöbel, erwies sich jedoch bald als größter Verkaufsschlager der Gebrüder Thonet und der vielen späteren Nachahmer. In verschiedenen Ausführungen wurde dieser Stuhl zu einem phantastischen Exportartikel, der in die fernsten Gegenden der Welt gelangte.

MICHAEL THONET, DER VATER

Von dem Menschen Michael Thonet, seinem Wesen und seinem Privatleben wissen wir wenig. Von Vorträgen oder hinterlassenen Schriften ist nichts überliefert, mit Ausnahme des Briefes, den er nach dem Zusammentreffen mit Fürst Metternich in dessen Palais in Wien an seine Familie in Boppard schrieb.

Uns erscheint er als der anonyme Mann der Tat, der selbstbewußte Handwerker, der schöpferische Praktiker, der sich im Material und in den Erzeugnissen seines Handwerks verwirklichte. Schon als ganz junger Tischlermeister offenbarte er seine charakteristischen Eigenschaften: Er hatte seine eigenen Vorstellungen davon, wie die Dinge getan werden sollten, und er nahm sich vor, etwas Besonderes, nämlich die perfekte Arbeit, zu vollbringen.

Seine Preise waren niedrig, und er hatte viele Kunden; trotzdem wollte er keine Gesellen beschäftigen und seine kleine Werkstatt nicht erweitern. Für ihn war es nicht genug, daß die Kunden zufrieden waren. Zweifellos glaubte er, bei einer Ausdehnung seines Betriebs bliebe ihm keine Zeit für Experimente, und möglicherweise befürchtete er auch, allmählich den Kontakt zur eigenen Arbeit zu verlieren. Diese tiefe, persönliche Beziehung zu seinem Wissen, zu seiner Arbeit und zu dem eigenhändig hergestellten Gegenstand prägte auch sein späteres Leben als Fabrikant.

Wenige Monate, nachdem er eine eigene Werkstatt in seiner Heimatstadt gegründet hatte, heiratete der junge Meister mit 24 Jahren. Allem Anschein nach führte er eine glückliche Ehe, und seine Frau Anna schenkte ihm 14 Kinder, von denen sieben in frühem Alter starben. Anna war eine echte Hausmutter, die keine Arbeit scheute, um den Haushalt zu führen und die große Kinderschar aufzuziehen. Sie teilte das Leben ihres Mannes in guten und bösen Tagen, unterstützte ihn mit ihrer Treue und ihrem Zuspruch. Zum großen Leid der Familie starb sie schon im Jahre 1862.

Als die Söhne älter wurden, nahm der Vater sie nacheinander als Mitarbeiter ins Geschäft. Er ließ sie Verantwortung übernehmen und übertrug ihnen die Firma Gebrüder Thonet, als er erst 57 Jahre alt und noch völlig rüstig war. Allerdings behielt er die Leitung bis an sein Lebensende.

In seiner Eigenschaft als Leiter des Unternehmens war Michael Thonet zweifellos patriarchalisch. Seine Autorität beruhte ganz natürlich auf seinem fachlichen Können, und nichts wurde ohne seine Zustimmung unternommen. Als ›bester Arbeiter‹ war er bei allen Beschäftigten hoch geachtet und wurde von ihnen wie ein Vater verehrt. Wahrscheinlich glich sein Unternehmen der damals üblichen Industrieanlage, die im Gegensatz zu heute aus der Dreiheit von Direktorswohnung, Fabrik und umliegenden Arbeiterwohnungen bestand.

In vorbildlicher Zusammenarbeit mit seinen Söhnen war Michael Thonet ohne jeden Zweifel von allem Anfang an die treibende Kraft des Unternehmens, und sein ganzes Leben lang kümmerte er sich um die praktische Arbeit in den Werkstätten und um die Suche nach geeignetem Rohmaterial in den ausgedehnten Wäldern. Aus zeitgenössischen Berichten wissen wir, wie Michael Thonet in seiner ersten Fabrik von morgens bis spätabends mit all seiner körperlichen und geistigen Energie arbeitete, unablässig neue Modelle entwarf und den Herstellungsprozeß verbesserte. Selbst wenn er zu Hause beim Essen saß, gönnte er sich keine Ruhe, sondern sprach über neue Ideen und alle möglichen Verbesserungen des Fabrikbetriebs.

Man erzählt, seine Drehbank sei am Fabrikeingang gewesen, und wenn Besucher nach dem Direktor fragten, habe er sie an

Porträt von Michael Thonet (1796–1871) nach einem Gemälde.

seine Söhne verwiesen, die ebenfalls in ihrer Arbeitskleidung kaum kenntlich waren. Es kam auch vor, daß er niemanden sehen wollte, um bei der Arbeit an der Drehbank nicht gestört zu werden, und daß Gäste, die er dann im Speisesaal der Fabrik empfing, zu ihrer Überraschung in ihm den Mann erkannten, den sie in der Werkstatt für einen Vorarbeiter gehalten hatten. Und das war er auch in jedem Sinne.

Thonet ließ sich nicht dazu verleiten, eine Menge Geld aufzunehmen, um die Fabrikation zu beschleunigen. Er schränkte die Investitionsausgaben so stark wie möglich ein und konstruierte die Maschinen für seine besonderen Zwecke selbst oder baute sie um. Bis zu seinem Tode arbeitete er unermüdlich an denselben Fertigungsstraßen wie seine Arbeiter. Er war als Erfinder und Unternehmer ein genialer Pionier, und Genie bedeutet wahrscheinlich, daß man sachlich und vorurteilsfrei sein Ziel verfolgt und die eigene Person dabei um der Sache willen in den Hintergrund rückt. Wie bei einem Künstler war seine Schaffenskraft die Hingabe an eine selbstgewählte Arbeit, die ihren Zweck in sich selbst trug. Seine Arbeit war nicht vom Gewinnstreben motiviert. Zweifellos war er ein kluger Geschäftsmann, aber der kaufmännische Erfolg muß als Bestätigung seiner nie nachlassenden Zielstrebigkeit gesehen werden. Das sichtbare Ergebnis seiner Leistung, die Bugholzmöbel, spricht Bände von seiner Phantasie und seiner technischen Meisterschaft. Die Überlebensfähigkeit eines einfachen Stuhls über mehr als 120 Jahre hinweg beweist zur Genüge, daß er Möbel schuf, die den Adel eines zeitlosen Stils besaßen.

Thonets erste Medaille in Bronze von der Weltausstellung in London 1851.

EXPANSION

Die erste Fabrik für die Massenherstellung von Bugholzstühlen aus massivem Holz setzte die erfolgreiche Entwicklung des Unternehmens in Gang, die selbstverständlich im Licht des wirtschaftlichen Aufschwungs in Österreich um jene Zeit gesehen werden muß.

In der Zeit von 1850 bis 1870 verdoppelte sich die Zahl der Industriearbeiter, obgleich sie 1869 nicht mehr als 11 Prozent der arbeitenden Bevölkerung in Österreich (4,2 Prozent in Ungarn) betrug. Der Export nahm zu, die Handelsbilanz war positiv, trotz des Verlusts der Lombardei mit einer Bevölkerung von über fünf Millionen Menschen. Nachdem die Dampfmaschine eingeführt war, verzehnfachte sich die Kohlenproduktion und verdoppelte sich die Stahlerzeugung in weniger als zehn Jahren. Da die Erzgruben weit von den Kohlebergwerken entfernt waren, beruhte die Erweiterung der Stahlproduktion in erster Linie auf dem Ausbau des Eisenbahnnetzes.

Der allgemeine Fortschritt ergab sich nicht etwa aus einer Stabilisierung der österreichischen Innenpolitik, die im Gegenteil von Verfassungskrisen durch den Versuch, den Vielvölkerstaat zusammenzuhalten, belastet wurde. Ausgangspunkt der wirtschaftlichen Blüte war das private Unternehmertum, das zusammen mit neuen Techniken und einem zunehmenden Liberalismus die Triebkraft der industriellen Revolution bildete. Der Staat begünstigte die Initiative und das dynamische Unternehmertum, denn er erkannte, daß seine Macht von einer kapitalistischen Industrie und einem ausgedehnten Außenhandel abhing. Der Zustrom ausländischer Unternehmer wurde gefördert; die meisten von ihnen kamen aus den deutschen Fürstentümern, wie es auch für Thonet zutraf.

Entscheidend für den Aufschwung des Handels war die Abschaffung innerer und äußerer Zollschranken – Österreich und Ungarn wurden 1851 zu einem Zollgebiet vereinigt – und die fortschreitende Verbesserung der inländischen und internationalen Verbindungswege durch die Eisenbahn. Schon 1841 war die allererste, vom Haus Rothschild finanzierte Eisenbahn zwischen Wien und Ostrau mit Abzweig nach Brünn, der mährischen Hauptstadt, eröffnet worden. 1854 wurden Konzessionen für Privatbahnen vergeben, und in weniger als zwanzig Jahren verachtfachte sich das Eisenbahnnetz.

Die Liberalisierung des Handels wurde beschleunigt durch die völlige Abschaffung des Zunftsystems im Jahr 1859 und die Einführung der Gewerbefreiheit. Im selben Jahr wurde die wiederholte Forderung der Textilindustrie nach einem Musterschutzgesetz endlich erfüllt. Zusammen mit einem verbesserten Patentrecht war dies die Voraussetzung dafür, daß die Nutzung neuer Erfindungen finanziert werden konnte. Die freie Kapitalbewegung und -ansammlung wurde durch eine stetige Entwicklung des Kredit- und Aktiensystems ermöglicht. Im Jahr 1855 gründete die Nationalbank eine Hypothekenkreditanstalt.

Grundlage für den Aufschwung der Firma Gebrüder Thonet waren die ausgedehnten Forste, die fast ein Drittel der Nutzfläche Österreichs bedeckten, so daß aus den Buchenwäldern in Mähren, Ungarn und Galizien die steigenden Mengen von Rohmaterial für die Produktion gewonnen werden konnten. In den sechziger Jahren des 19. Jahrhunderts verdreifachte sich die Holzproduktion infolge des Bedarfs der neuen Möbelindustrie.

Wie schon ausgeführt, rekrutierten sich die Arbeitskräfte aus der verarmten Bauernschaft in den ländlichen Gegenden: Viele Freisassen waren Opfer der liberalen Freihandelstheorie geworden, da die einheimische landwirtschaftliche Produktion

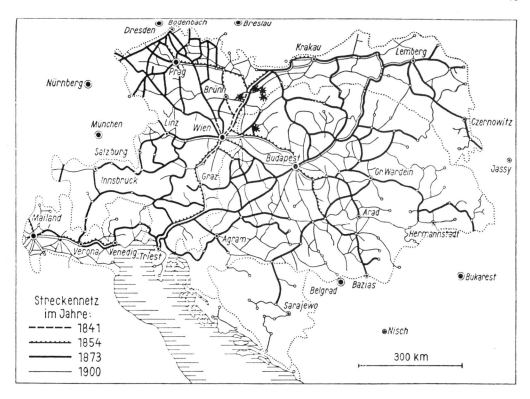

Karte vom Ausbau des
Eisenbahnstreckennetzes
in Österreich von 1841
bis 1900. Die Lage der
ersten Thonet-Fabriken
in Mähren ist mit Sternchen
bezeichnet.

1851
Englischer zweispänniger
Phaeton mit patentierter
Aufhängung. Der Kutschka-
sten ist in den schlangen-
förmigen Rahmenteilen
aufgehängt.

1860
Der Schaukelstuhl, in Koritschan hergestellt, mit der
durchgehenden Linie vom
Fußteil über Sitz und Lehne
zur Peitschenschnurvolute.
Der anmutige Schwung
erinnert an die leichten
Phaetons, die damals von
den Kutschenbauern gefer-
tigt wurden.

der freien Einfuhr von billigem Getreide preisgegeben war. Bewegliches Kapital konnte solche verschuldeten Kleinbetriebe aufkaufen und zusammenlegen.

Wesentlich für den Absatz und Export der Möbel war die zunehmende Kaufkraft der Bevölkerung und die Verbesserung der Transportverhältnisse durch die Verzweigung des Eisenbahnnetzes.

Die Gebrüder Thonet waren sich über die Wichtigkeit eines international organisierten Vertriebs im klaren, und neben dem Ausstellungsraum in Wien gründeten sie schon 1862 Verkaufsniederlassungen in Hamburg, Paris und London. Sie

nahmen an großen internationalen Ausstellungen teil, wo die Bugholzstühle große Beachtung fanden und Preise und Medaillen gewannen.

Auch neue Modelle wurden entworfen. Schon 1860 fertigte die Fabrik in Koritschan den Schaukelstuhl, der zu jener Zeit ein völlig neuer Stuhltyp auf dem europäischen Markt war und überzeugend bewies, daß Thonet seine neue Biegetechnik meisterhaft beherrschte.

Zu dieser Zeit beschäftigte die Fabrik 300 Arbeiter. Sie war erweitert worden und hatte schon das Arbeitspotential der umliegenden Dörfer erschöpft. Die Produktion konnte jedoch die

Schaukelstuhl Nr. 7001, das allererste Modell. An der Wand die Einzelteile des kleineren Modells Nr. 22.

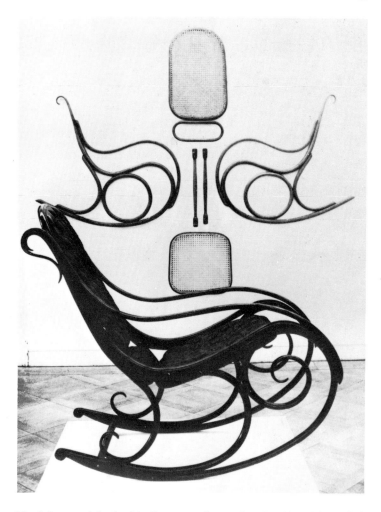

Nachfrage nicht befriedigen, und aus den Pachtwäldern ließ sich auf die Dauer nicht genügend Buchenholz für eine Produktionssteigerung gewinnen. Die Firma beschloß daher, eine neue Fabrik in einer waldreichen Gegend Mährens zu errichten und schloß einen langfristigen Lieferungsvertrag auf Buchenholz mit dem Besitzer des Gutes Bistritz am Hostein ab.

Auch die Maschinen und Produktionsmittel für diese neue Fabrik konstruierten die Thonets weitgehend selbst. Da die Fabrik in Bistritz weniger als 50 km vom Werk Koritschan entfernt war, konnten Jungarbeiter dorthin zur Ausbildung entsandt werden, und so war es auch leicht, erfahrene Arbeiter von

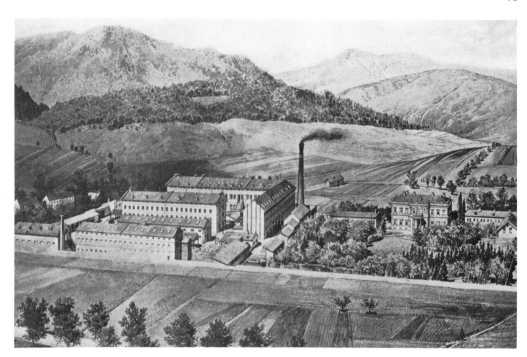

1861
Die zweite Fabrik in Bistritz am Hostein, Mähren, für die Massenfertigung von Bugholzstühlen, etwa 50 km von der ersten Fabrik in Koritschan entfernt.

1867
Die Fabrik in Wsetin, die dritte in Mähren. Dort wurde unter anderem der Exportstuhl Nr. 18 hergestellt.

Koritschan nach Bistritz zu holen, damit sie neue Arbeitskräfte anlernten.

Die Produktion der Fabrik stieg rasch an, und bald erwies es sich als notwendig, auch die Werkstätten für Flechterei und Oberflächenbearbeitung zu erweitern. Im Jahr 1862 beschäftigten die beiden Werke zusammen 800 Arbeiter und produzierten 70 000 Stühle, die zu zwei Dritteln exportiert wurden. Schon 1865 konnten die Materiallieferungen nicht mehr mit der Produktion Schritt halten, und dieses Mal schloß die Firma Thonet keinen Pachtvertrag ab, sondern kaufte ein Stück Waldland in Nagy-Ugrócz in Ungarn, wo ein Sägewerk und eine Dreherei errichtet wurden, die Halbfertigteile zur Endbearbeitung in die mährischen Fabriken lieferten. Später wurde das Werk in Nagy-Ugrócz erweitert und produzierte ebenfalls Fertigware. Auch hier wurden Vorarbeiter und Facharbeiter aus den anderen Betrieben herangezogen, um die ansässigen Arbeitskräfte anzulernen. Die Fertigware wurde mit Pferdewagen zur nächsten Bahnstation an der Strecke Wien-Budapest transportiert, bis einige Jahre später die schon geplante Nebenlinie gebaut wurde.

Als diese Fabrik voll ausgebaut war, mußte für die mährischen Werke neues Rohmaterial beschafft werden, und deshalb schloß die Firma Thonet im Mai 1867 mit der Erzherzoglich-Albrechtschen Güterdirektion in Saybusch in Galizien einen

1865
Die Familie am Eßtisch.
Aus *Punch*.

1862
Stuhl Nr. 17. Dieses Modell,
das auch mit Armlehnen
ausgeführt wurde, ist in
der Produktion kompliziert
und wird auch heute noch
zu einem relativ hohen
Preis geliefert.

1867
Stuhl Nr. 18, eine Variante
des Stuhls Nr. 14. In dunkel
gebeizter Ausführung wurde
dieses Modell mit großem
Erfolg exportiert, vor allem
nach Südamerika. Vielleicht
war es stabiler und leichter
zu montieren als das Modell
Nr. 14; vielleicht entsprach
auch die Gestaltung der
Rückenlehne mehr dem
südamerikanischen Ge-
schmack.

Buchenholz-Lieferungsvertrag ab. Die Stämme wurden in der Sägemühle der Güterverwaltung zugeschnitten und in einer von den Gebrüdern Thonet errichteten und betriebenen Dreherei weiterverarbeitet. Durch den Bahnversand von vorbearbeitetem Material zur Fertigstellung in den voll eingerichteten Fabriken konnten erhebliche Einsparungen an Transportkosten erzielt werden.

Vater Thonet organisierte persönlich die Sägearbeiten und überwachte die Aufstellung und den Betrieb besonderer Drehbänke, die er und seine Söhne konstruiert und verbessert hatten. Im gleichen Jahr pachteten sie ein Dampfsägewerk in Hallenkau, das zum Gut Wsetin in Mähren gehörte, und begannen mit der Lieferung von Halbfertigteilen an die mährischen Fabriken, bis das Werk im Jahr 1871 zur Herstellung von Fertigwaren ausgebaut wurde.

Im Jahr 1867 kamen die Gebrüder Thonet mit einer Variante des Stuhls Nr. 14, dem Stuhl Nr. 18, heraus, der in einer dunkel gebeizten Ausführung mit großem Erfolg nach Südamerika, besonders nach Brasilien ausgeführt wurde. Im selben Jahr errang die Firma bei der Weltausstellung in Paris die höchste Auszeichnung, die Goldmedaille. Im Dezember 1869 lief das

1867
Stuhl Nr. 18 in seinen Einzelteilen, die abgesehen von dem Stützbogen den Einzelteilen des Modells Nr. 14 entsprechen.

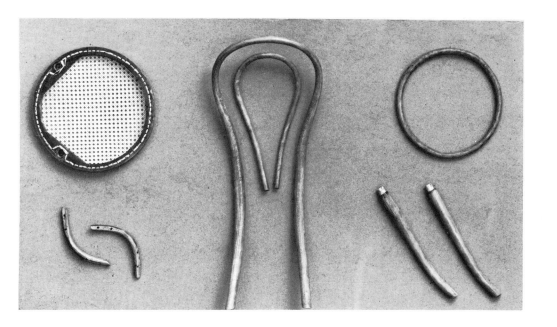

J. E. Knock's Meubelmagasin, St. Strandstræde Nr. 6.

Ægte italiensk Nøddetræ, 9 Rd.

Ægte italiensk Nøddetræ, 45 Rd.

Mahogni eller ægte italiensk Nøddetræ, 19 Rd.

Sofa, ægte italiensk Nøddetræ, 29 Rd.

Ægte italiensk Nøddetræ, 13 Rd.

Polstrede Lænestole. . 9 Rd. • Mk.	Servanter med Marmor-
Ægte Nøddetræes Læne-	plader . . . . 7 Rd. • Mk.
stole, passende til	Mahogni Spilleborde . . 11 - • -
Broderi . . . . 8 - • -	do. Senge . . . . 10 - • -
Sovesofaer . . . . 20 - • -	do. Buffet . . . . 19 - 3 -
Rørstole . . . . 2 - 1 -	do. Spiseborde fra 16 - • -
Jernsenge . . . . 5 - • -	do. Divanborde . . 12 - • -
Fjedermadratser . . . . 9 - • -	m. M.

For ovenstaaende Meubler indestaaes i enhver Henseende, saa at det ærede Publikum, som vil bære mig med sit Besøg, vil kunne overbevise sig om, at min Stræben til enhver Tid er og skal være med en ringe Fortjeneste at kunne levere Meubler, som i enhver Henseende kunne stilles i Lighed med lignende leverede fra de største Forretninger her paa Pladsen og til Priser langt under de almindelige.

Stor Omsætning men lille Fortjeneste er Hovedformaalet i St. Strandstræde 6 hos I. E. Knock.

Gyngestole, 9 Rd.

Pianostole, 4 Rd.

Ægte italiensk Nøddetræ, 9 Rd.

Mahogni- eller Nøddetræ, 14 Rd.

Naturstol, 7 Rd.

Antike Stole i flere Façons, 9 Rd.

Ægte italiensk Nøddetræ eller Mahogni, fra 16 Rd.

Wiener Rørstole, 3 Rd.

Gyngestole, 6 Rd

1869
Anzeige eines Möbelgeschäfts in Kopenhagen. Der Stuhl Nr. 14 ist mit 2 Reichstalern 1 Mark bei weitem am billigsten (nach heutiger Währung annähernd DM 1,50). Zu jener Zeit kostete das Kilo Butter etwa DM –,50 und das durchschnittliche Einkommen der Arbeiter in der Stadt betrug etwa DM 500,– im Jahr. Die Einkommensteuer war unerheblich.

Privileg von 1856 ab, doch da Thonet den Markt beherrschte, wurde es nicht erneuert.

Nach Ablauf des Privilegs tauchten Konkurrenzfirmen auf dem Markt auf und bauten Thonet-Modelle nach, besonders den außerordentlich erfolgreichen Stuhl Nr. 14. Obgleich die Stühle nicht sklavisch nachgeahmt wurden, war es doch ein offensichtliches Plagiat, und selbst die Nummern des Thonet-Katalogs wurden benutzt, um auf dem Markt Verwirrung zu stiften und die Kunden irrezuführen.

Etwa um diese Zeit wurde der Bedarf an Halbfertigteilen in den

Um 1870
Stuhl Nr. 19. Ein schönes Modell, bei dem die Hinterbeine in den inneren Teil der Rückenlehne übergehen und der obere Bogen, mit dem Sitzring verbunden, für die Stabilität sorgt. Dieses Modell ist komplizierter in der Fertigung und damit teurer als der Stuhl Nr. 14.

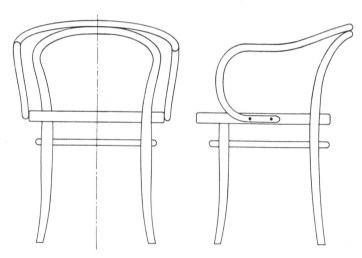

Schon um 1870 waren die Stühle Nr. 14 und 18 mit Armlehnen lieferbar. Danach kam ein »Damen-Fauteuil« und der erste Drehfauteuil, die erstmals die Konstruktion des späteren Armsessels Nr. 6009 zeigten (heute im Katalog mit Nr. 209 bezeichnet). Dieses Modell, der sogenannte Wiener Stuhl, wurde auch von Le Corbusier besonders geschätzt (vgl. Seite 120).

Maßzeichnung der Rücken- und Seitenansicht sowie der Aufsicht der späteren Version B 9. Sitzhöhe 46 cm, Sitzbreite 50 cm, Gesamthöhe 75 cm.

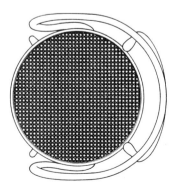

1927
Der dänische Architekt
Poul Henningsen balanciert
einen Armstuhl. In der
satirischen Zeitschrift *Kritisk
Revy* schrieb er: »Dieser
Stuhl löst zur Vollkommenheit seine Aufgabe, ein
leichter, bequemer Armstuhl
mit niedriger Lehne zu
sein. Er wiegt 3,5 kg, genau
wie ein Neugeborenes,
der Preis beträgt 16,5
Kronen einschließlich rohr-
geflochtenem Sitz. Wenn
ein Architekt diesen Stuhl
fünfmal so teuer, dreimal
so schwer, halb so bequem
und ein Viertel so schön
machte, könnte er sich
damit einen Namen ma-
chen.«

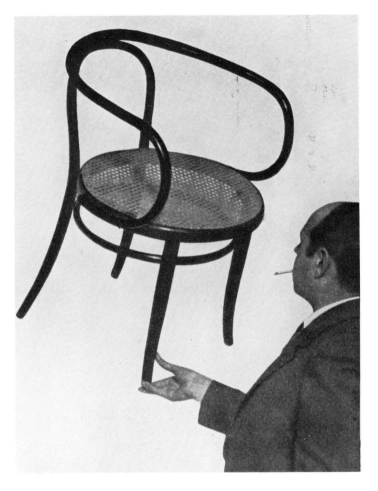

mährischen Fabriken durch die Bahntransporte gedrehter
Werkstücke aus den Dampfsägewerken in Galizien gedeckt.
Bei einer Forstbesichtigung im Jahr 1870 erkrankte Vater
Thonet. Er konnte sich nicht mehr erholen und starb am 3.
März 1871 in seinem Wiener Haus im Kreis seiner Kinder.
In einem Nachruf hieß es:
»Durch Kampf zum Sieg war die Parole dieses wackeren Man-
nes. Und es war ein heißes Kämpfen mit den Widerwärtigkei-
ten des Lebens, mit den Vorurteilen der Zeit, mit der Mißgunst
Einzelner.
Wir bewundern in dem Heimgegangenen die nie rastende
Schaffenskraft, eine vor keiner Schwierigkeit zurückschrek-

kende Energie, einen immer nach vorwärts strebenden Ehrgeiz, eine richtige Erkenntnis der Verhältnisse, vereint mit einem eminent praktischen Blicke.

Eine vornehme Natur, bieder und selbstlos in Wort und Tat, nur auf das Wohl der Seinen bedacht, niemals persönliche Ehre und Erfolg heischend – so steht er leuchtend vor uns.

Aus den bescheidenen Anfängen durch Kraft und Fleiß, durch Genialität und hohe Intelligenz eine blühende Industrie geschaffen zu haben, ist sein Verdienst.«

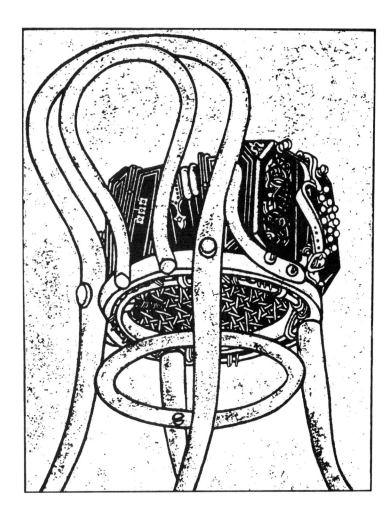

1976
Aus der Graphikmappe
»Armes Akkordeon« des
argentinischen Künstlers
Roberto Paez, die anläßlich
des Todes eines populären
Akkordeonspielers herausgegeben wurde.

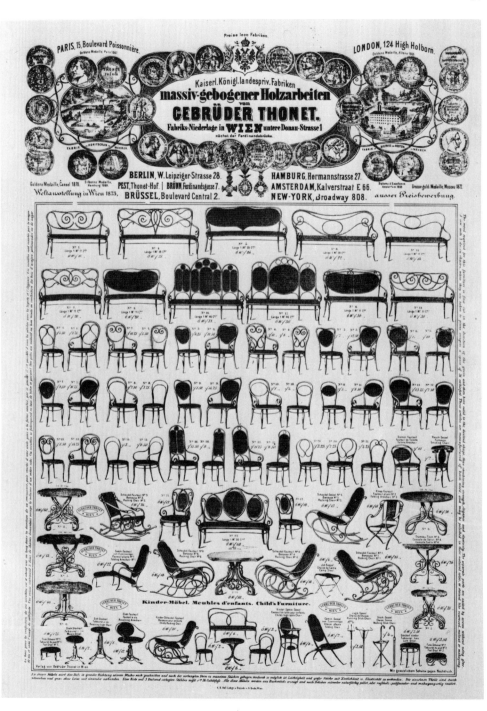

DIE EROBERUNG DES WELTMARKTS

Nach Michael Thonets Tod fuhren seine fünf Söhne fort, die Produktion auszuweiten. Schon 1853 hatten sie den Betrieb übernommen, und mit gegenseitiger Übereinstimmung und in gemeinsamer Tätigkeit vereinten sie sich in ihren Bemühungen, das Unternehmen weiterzuentwickeln. Ihr Hauptziel war es, die Produktion ständig zu steigern. Dazu mußte eine große Anzahl neuer Modelle vertrieben werden, und bei dem Versuch, den wechselhaften Geschmack der Käufer zu befriedigen, wurden die Modelle in manchen Fällen ziemlich kompliziert. Um die Jahrhundertwende kamen sogar Thonet-Stühle mit handgeschnitzten Verzierungen auf, die sich völlig fremdartig ausnahmen neben den einfachen, klassischen Stühlen, die nach wie vor millionenweise gefertigt wurden.

1873 hatten die Gebrüder Thonet einen Stand auf der Weltausstellung in Wien, und es war schon fast selbstverständlich, daß ihre Bugholzmöbel ausgezeichnet wurden. In der Abteilung für historische Erfindungen war der Prototyp, der Stuhl Nr. 4 des Kaffeehauses Daum, als Beispiel für die alte Schichttechnik von 1849 ausgestellt. Wie in London mehr als ein Jahrzehnt zuvor, betonte auch in Wien der offizielle Bericht über die Möbelabteilung allgemein, daß die Herstellungstechnik der Kunstmöbel ihrer historisierenden Formgebung weit überlegen

sei. Zu derselben Zeit fand eine internationale Patent-
rechtskonferenz statt, die eine Resolution über die Notwendigkeit verfaßte, auf diesem Gebiet zu einer international einheit-
lichen Rechtsprechung zu kommen.

Im Jahr der Ausstellung brach nach dem Börsenkrach in Paris
auch der Aktienmarkt in Wien zusammen, und die Regierung
war gezwungen, sich an der Finanzierung von Privathäusern zu
beteiligen, die zu den eindrucksvollen öffentlichen Bauwerken
an der neu angelegten Ringstraße passen sollten. Schon 1860
waren die Befestigungsanlagen geschleift worden, und drei
Jahre später hatte man die Vororte um den alten Stadtkern
herum eingemeindet. Die Bankleute hatten diese Entwicklung
befürwortet, während das Militär aus Rücksicht auf Sicherheit
dagegen gewesen war und empfohlen hatte, die Trennung zwischen den Bürgern in der Stadt und den draußen wohnenden,
meist neu zugezogenen Arbeitern aufrechtzuerhalten.

An der auf dem gewonnenen Gelände angelegten Ringstraße
wuchsen Prachtbauten in allen möglichen Stilarten empor: die
Universität, die Akademie, das Rathaus, das Kunst- und Na-
turkundemuseum, das Burgtheater, das Opernhaus und das

1878
Der Schreibplatz des norwe-
gischen Dichters Henrik
Ibsen im Hotel Albergo
della Luna in Amalfi, wo
er sein Schauspiel *Ein
Puppenheim* vollendete.

1882
Angeklagte vor dem Stand-
gericht in Alexandria.

Parlament, das von dem dänischen Architekten Theophilus Hansen in klassisch griechischem Stil entworfen wurde.

Um die Mitte der siebziger Jahre beschäftigten die Gebrüder Thonet etwa 4500 Arbeiter und produzierten täglich 2000 Möbelstücke, davon 1750 Stühle, und seit der Firmengündung waren 4,2 Millionen Stücke hergestellt worden, davon 3,6 Millionen Stühle, die zu zwei Dritteln exportiert worden waren.

Für die Jahresproduktion von 600 000 Thonet-Möbeln war Buchenholz, das früher hauptsächlich als Brennholz verwendet wurde, in einer Menge erforderlich, die dem Ertrag von über 200 Hektar Wald entsprach. Nimmt man die Konkurrenzproduktion von Bugholzmöbeln hinzu, die auf 400 000 Stück geschätzt wurde, so ergibt sich für eine Gesamtjahresproduktion von 1 Million Möbeln ein Bedarf von mindestens 330 Hektar Wald, jeweils bei Endnutzung. Die Forstwirtschaft umfaßte annähernd 30 000 Hektar Buchenwaldungen und beschäftigte etwa 7000 bis 8000 Arbeiter (W. F. Exner 1876).

In den folgenden Jahren wurden die alten Fabriken erweitert,

1888
Die Kinderwäsche. Gemälde
von Viggo Johansen, Samm-
lung Ordrupgaard, Däne-
mark.

neue Betriebe in Polen und Hessen (1889 in Frankenberg) errichtet und Dampfsägewerke und Drehereien in Mähren, Ungarn und Galizien gebaut. Dazu pachteten die Gebrüder Thonet mehrere Sägewerke, in denen das Rohmaterial vorbearbei-
tet wurde. Gleichzeitig wurde der Vertrieb auf dem Weltmarkt
durch die Gründung weiterer Verkaufsbüros intensiviert. Um
1880 gab es Verkaufsniederlassungen in den Großstädten
Wien, Brünn, Graz, Budapest, Bukarest, Warschau, Basel,
Berlin, Hamburg, München, Frankfurt am Main, Amsterdam,
Antwerpen, Brüssel, Paris, Marseille, Rom, Mailand, Neapel,
Madrid, Barcelona, London, Moskau, St. Petersburg, Odessa,
New York und Chicago.
Im Jahr 1885 kam als neue Variante des Stuhls Nr. 14 der Stuhl
Nr. 56 heraus. Um die Herstellung zu vereinfachen und zu ver-
billigen, wurde dieser Stuhl mit unterteilter Rückenlehne ge-

fertigt. Das lange, durchlaufende Rücken- und Fußteil des Modells Nr. 14 mußte aus erstklassigem astfreiem Material gebogen werden, und dabei entstand viel Abfall an kleinen Stücken, die nicht weiterverwendet werden konnten. Diesen Nachteil umging man bei dem Stuhl Nr. 56, der das allerbilligste Modell der Firma war, aber nie die Beliebtheit des Stuhls Nr. 14 errang. Als Variante des Exportschlagers, des Stuhls Nr. 18, wurde später das Modell Nr. 145 hergestellt, dessen Rückenlehne herzförmig gestaltet war. Der ziemlich teure Schaukelstuhl (drei- bis viermal so teuer wie die Nr. 14), der schon 1860 auf den Markt gekommen war, hatte fortdauernden Erfolg und wurde jetzt in 20 000 Stück jährlich produziert.

1887 nahmen die Gebrüder Thonet an der amerikanischen Ausstellung in London teil und stellten gleichzeitig besondere Möbel in ihren eigenen Räumen in der Oxford Street aus. Der Export weitete sich ständig aus, und die Bugholzstühle überflu-

1885
Der Stuhl Nr. 56 kommt auf den Markt. Durch die Unterteilung der Rückenlehne wurde das sehr lange, gebogene Rücken- und Hinterbeinteil des Modells Nr. 14 vermieden und gleichzeitig eine bessere Materialausnutzung erzielt. Dieser Stuhl wurde der billigste von allen.

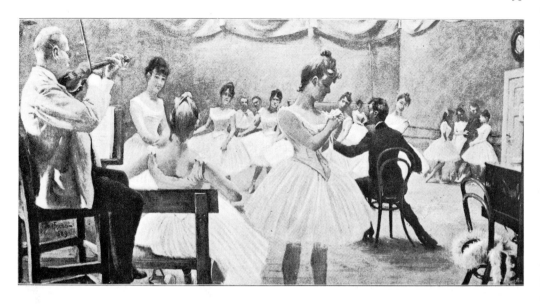

1889
In der Ballettschule des königlichen Theaters in Kopenhagen. Auf dem Stuhl sitzend der Solotänzer und Ballettmeister Daniel Krum.

teten neue Märkte. Im Jahr 1888 mußte Schweden die Wiener Stühle mit einem Einfuhrzoll belegen, um die heimische Produktion von Gebrauchsstühlen des Windsor-Typs zu schützen. Im Jahr 1891 konnten die Gebrüder Thonet bekanntgeben, daß der Stuhl Nr. 14 jetzt in einer Stückzahl von 7,3 Millionen hergestellt worden war. Zwei Jahre danach betrug die Jahresproduktion mehr als eine Million, und seit der Firmengründung waren 15 Millionen Stühle (davon 300 000 Schaukelstühle) ge-

1889
Im Speisewagen des Calais-Paris-Expreß. Der Herr sitzt absolut erster Klasse zwischen den beiden Damen. Aus *Punch*.

1890
Das beliebte Literatencafé Griensteidl in der Herrengasse in Wien, Treffpunkt junger Schriftsteller und Schauspieler. Zeitungen aus vielen Ländern lagen für die Gäste aus. Mit dem Stuhl Nr. 4 ausgestattet.

1894
Der erste Erfrischungsraum
›snapsting‹ des dänischen
Parlaments in Kopenhagen.
Nachdem das alte Schloß
Christiansborg 1884 nieder-
gebrannt war, tagte das
Parlament im Östlichen
Landgericht in Bredgade.

1901
Die Jury an der Arbeit
auf der Großen Kunstaus-
stellung in Berlin.

fertigt worden. Nach der Jahrhundertwende produzierten die
Gebrüder Thonet mit 6000 Arbeitern und 20 Dampfmaschinen über 1,2 Millionen Möbelstücke im Jahr. Im Firmenkata-
log von 1904 heißt es: »Die bisherige Gesamtproduktion von
Stühlen Nr. 14 in sämtlichen bestehenden in- und ausländischen Fabriken von Möbeln aus gebogenem Holz dürfte bis
Ende 1903 mit etwa 45 Millionen nicht zu hoch gegriffen sein.«
Im Jahr 1906 schlossen sich 16 Konkurrenzfirmen zu der Holdinggesellschaft Mundus zusammen, die eine Tagesproduktion
von 3000 Möbelstücken erzielte. Die Gebrüder Thonet stellten
in ihren 7 Fabriken 5000 Möbelstücke am Tag her, die Konkur-

1907
Der russische Schriftsteller
Leo Tolstoi im Eßzimmer
seines Hauses. Tolstoi,
Dichter und Aufrührer,
war von adliger Herkunft,
setzte sich aber für eine
einfache Lebensweise ein.
So ist es wohl kein Zufall,
daß er den bescheidenen
Bugholzstuhl für sich bevor-
zugte.

1908
*Junges Mädchen mit blauem
Rock,* Gemälde des däni-
schen Malers Harald Gier-
sing, Privatsammlung.

Nach dem Ersten Weltkrieg und der neuen Grenzziehung in
Mitteleuropa lagen viele Thonet-Fabriken in Polen, Ungarn
und dem neuen Staat Tschechoslowakei, der jetzt das früher
österreichische Mähren umfaßte. So erwies es sich als notwendig, den Familienbetrieb in eine Aktiengesellschaft umzuwan-
deln, um 1921 entstand die Thonet AG. Bald danach vereinigte
sie sich mit ihrem wichtigsten Konkurrenten, der Firma Jacob
& Josef Kohn, die seit langem Kopien von Thonets klassischen
Stühlen hergestellt hatte.

Wegen der unsicheren Marktlage und um ein Dumping zu ver-
meiden, aber auch um die Betriebsführung zu vereinfachen,
schloß sich die Thonet AG im Jahr 1923 mit der großen, kon-
kurrierenden Holdinggesellschaft Mundus zusammen, und der
neue Konzern Thonet-Mundus beherrschte von da an zwei
Drittel des Weltmarktes für Bugholzmöbel. Nach dem Zu-
sammenschluß öffneten sich die Märkte in Amerika, Afrika
und Indien wieder für den Export.

Am Ende der zwanziger Jahre beschäftigte der Konzern 10 000
Arbeiter und produzierte etwa 18 000 Stühle täglich. Insgesamt waren 35 000 Menschen in diesem Möbelindustriezweig

1907
Abendliche Szene im
Kaffeehaus.

beschäftigt, der einen jährlichen Export von 12 000 Kubikmetern Bugholzmöbeln verzeichnete (Hermann Heller 1926). Der einfache ›Volksstuhl‹ Nr. 14 und seine Varianten waren bis dahin in einer Stückzahl von annähernd 75 Millionen gefertigt worden.

Um 1930 zeigte sich immer deutlicher, daß Metall und Kunststoff in der Stuhlproduktion an die Stelle des traditionellen Holzes treten würden. Die Firma Thonet war sich dieser Herausforderung bewußt und nahm schon 1926 mit den führenden Architekten Mart Stam, Marcel Breuer und Ludwig Mies van der Rohe Verbindung auf, die Pionierarbeit für die Entwicklung von Stahlrohrstühlen leisteten. Die Firma erhielt auch das exklusive Herstellungsrecht für die unter Einfluß des Bauhauses, der Hochschule für Bau und Gestaltung in Dessau, entworfenen Stahlrohrstühle, und später wurde im Werk Frankenberg eine besondere Abteilung für die Produktion dieser Stahlrohrmöbel eingerichtet.

Im Jahr 1929 wollte die Firma Thonet-Mundus der Produktion neuen Aufschwung geben und schrieb deshalb einen internationalen Wettbewerb für Bugholzstühle in Wohnungen, Gaststätten und so weiter aus. Überraschenderweise wurden 4000 Entwürfe aus vielen Ländern eingereicht, doch das internationale Preisgericht konnte nur 15 Entwürfe prämiieren, die zweifellos eine Enttäuschung waren und hinter den Erwartungen

1906
Im Vortragssaal des neu
eröffneten Volksheims
in dem Wiener Arbeiterviertel Hernals.

1899
August und Jakob, Söhne
des verstorbenen Vaters
Thonet, in der Bistritzer
Fabrik.

1908
Feierhalle in dem damals
neu errichteten Kremato-
rium in Chemnitz.

Freischwingende Stahlrohrstühle von Mart Stam (links)
und Mies van der Rohe,
in den zwanziger Jahren
entworfen. Aus dem Tho-
net-Katalog 1978.

zurückblieben. Keiner der preisgekrönten Stühle, die An-
spruch auf eine Verbesserung der Gestaltung von Bugholzstühlen erhoben, kam in die Produktion.

Michael Thonets klassische Modelle, der Stuhl Nr. 14 und der
Armstuhl Nr. 9, stellten nach wie vor die klarste, schönste und
überzeugendste Übereinstimmung von Form, Material und
Technik dar. Mit ihrer einfachen Form, ihrer Solidität und ihrem niedrigen Preis hatten sie den Markt erobert und konnten
nicht mehr verdrängt werden.

Als 1938 die nazistische Kriegsdrohung akut wurde, beschloß
der Leiter des Thonet-Mundus-Konzerns, ein Jude, in die Ver-
einigten Staaten auszuwandern. Später zog er dort eine Möbelproduktion unter dem Namen Thonet Industries auf. Die Holdinggesellschaft wurde aufgelöst, die Familie Thonet übernahm wieder ihre eigenen Fabrikanlagen. Im März 1939 mar-
schierten die deutschen Truppen in Böhmen und Mähren ein.

1911
Anzeige im *Simplicissimus*
für eine Weinstube in Am-
sterdam.

THONET BROTHERS

Nr. 8   Nr. 3008   Nr. 1008

Nr. 9   Nr. 1008¹/₂   Nr. 10...

Nr. 11   Nr. 1011¹/₂   Nr. 1011

1911–15
Seiten aus dem Katalog
der Gebrüder Thonet.
Er enthält etwa 1500 Mo-
delle und wurde 1915
mit einem Anhang in sechs
Sprachen versehen.

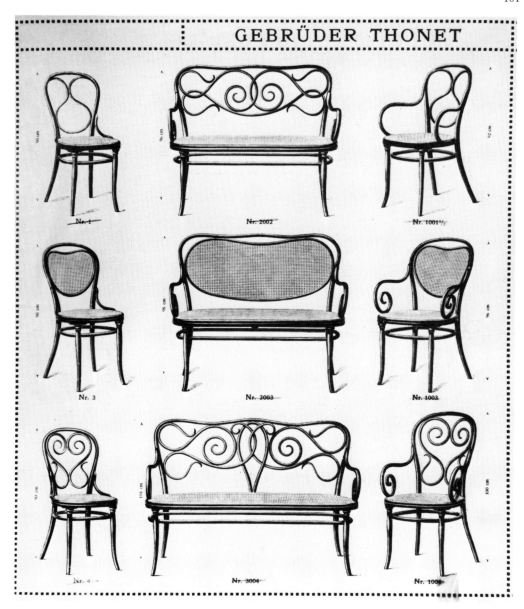

GEBRÜDER THONET

Nr. 1 · Nr. 2002 · Nr. 1001½
Nr. 3 · Nr. 2003 · Nr. 1003
Nr. 4 · Nr. 3004 · Nr. 1004

Oben links erkennt man die Rückenlehne des Stuhls für das Palais Schwarzenberg, Wien, unten links den Stuhl Nr. 4 für das Kaffeehaus Daum in Wien, beide von 1849.

DER BUGHOLZSTUHL HEUTE

Nach dem Zweiten Weltkrieg schien es mit Thonet zu Ende und mit der Geschichte des Bugholzstuhls vorbei zu sein. Am 12. März 1945 wurde das Werk Frankenberg in Nordhessen bei einem Fliegerangriff der Alliierten total zerstört, alle Modelle und Werkstattzeichnungen gingen verloren. Das Thonet-Haus in der Wiener Innenstadt war ausgebrannt, die Familie hatte ihren Besitz in der Tschechoslowakei eingebüßt, die meisten Fabriken lagen hinter dem Eisernen Vorhang. Nur der Firmenname war geblieben – und der Wille zum Weitermachen.

Mit ein paar Heimkehrern wurde unter einem Notdach in der ausgebombten Fabrik eine Tankholzproduktion aufgezogen. Etwas später wurde ein Küchenstuhl mit Holzlattensitz hergestellt, ein Gebrauchsmöbel, für das im kriegszerstörten Deutschland großer Bedarf war. Dann wurden Baracken aufgestellt, damit der Wiederaufbau der Fabrik in Gang kommen konnte, und allmählich tauchten auch frühere Arbeiter wieder auf. Schritt für Schritt wurde die Produktion vorbereitet, bis es wieder möglich war, Bugholzstühle herzustellen.

Am Anfang der fünfziger Jahre wurde ein Teil der Stahlrohrmöbel-Produktion, die bis dahin in gemieteten Räumen betrieben worden war, nach Frankenberg zurückverlegt, und neue Modelle wurden herausgebracht, um das steigende Verlangen

Das Thonet-Haus am Stephansplatz in Wien, damaliger Hauptsitz der Firma Gebrüder Thonet. Das Haus brannte im Zweiten Weltkrieg ganz aus, wurde später verkauft und in einfacherer Bauweise wieder aufgebaut.

nach Qualität und guter Formgebung zu befriedigen. Einige in Serien hergestellte Stühle hatten Erfolg, und mit Hilfe von Agenturen im Ausland kam auch der Export wieder in Schwung. Zugleich wurde in Friedberg, etwa 90 km südlich von Wien, eine neue Fabrik für Schulmöbel gebaut. Die Familie Thonet, die noch ihre Fabriken in Österreich und Deutschland besaß, leitete den Wiederaufbau der Firma.

Jetzt zeigte sich allmählich auch wieder Interesse an den klassischen Modellen der Bugholzstühle, das durch internationale Ausstellungen gefördert wurde, die die Geschichte von Thonets Pionierarbeit verbreiteten und das Prestige der Firma auf diesem Gebiet wieder stärkten.

Im Jahr 1953, hundert Jahre nach der Firmengründung, fand im Museum of Modern Art in New York eine Stuhl-Ausstellung statt. Der italienische Architekt Enrico Peressutti baute die Ausstellung in hervorragender Weise auf und stellte die klassischen Thonet-Stühle neben Modelle, die von berühmten Architekten entworfen worden waren, wobei er sich nicht an die zeitliche Aufeinanderfolge hielt, sondern sich von formalen Gesichtspunkten leiten ließ. Ein damals in der amerikanischen Zeitschrift *Interiors* erschienener Artikel betonte besonders, daß Thonets persönlicher Stil alles andere in den Schatten stellte.

1965 veranstaltete der österreichische Architekt und Thonet-Experte Professor Karl Mang im Bauzentrum in Wien eine umfassende retrospektive Ausstellung von Bugholzstühlen, die später auch in anderen europäischen Hauptstädten gezeigt wurde. 1967 organisierten die Studenten am Carpenter Center for the Visual Arts der Harvard University in Massachusetts eine Ausstellung historischer Bugholzstühle unter dem Titel »Form from Process – The Thonet Chair«. Die Ausstellung war pädagogisch angelegt und schilderte zeitlich die Entwicklungsphasen des Bugholzstuhls, und alte, klassische Modelle wurden dazu aus der einmaligen Sammlung von John Sailer in Wien entlehnt.

Heute stellt die Firma Gebrüder Thonet GmbH in Frankenberg/Hessen in einem Unternehmen mit einer Belegschaft von über 400 Mitarbeitern unter Leitung von Dipl.-Ing. Georg Thonet (Michael Thonets Urenkel) und seinem Sohn C.M. Thonet in ansehnlichen Mengen die klassischen Modelle her,

1953
Die Thonet-Ausstellung
im Museum of Modern
Art in New York, veranstal-
tet von dem italienischen
Architekten Enrico Peres-
sutti aus Anlaß des 100.
Jahrestags der Firmengründung. Klassische Thonet-
Modelle wurden Seite
an Seite mit modernen,
von bekannten Architekten
entworfenen Stühlen ausgestellt.

den Stuhl Nr. 14 (jetzt 214) den Armstuhl Nr. 9 (jetzt 209) und
den Schaukelstuhl. Diese Stühle werden in abgewandelter
Formgebung aus ausgesuchtem Material aus den umgebenden
Wäldern in perfekter Verarbeitung gefertigt.
Diese formschönen Stühle von bester Qualität entstehen nach
fast derselben Methode, die schon Michael Thonet im Jahr
1859 anwandte: rationalisierte Handarbeit, unterstützt von
Spezialmaschinen. Das Hauptelement des Stuhls Nr. 14 (hintere Beine/Lehne) wird von zwei Arbeitern gebogen. Nachdem
die Stahlschiene an dem gedämpften Rundstab befestigt ist,
biegen sie diesen gleichzeitig an beiden Enden und legen ihn in
die Eisenform. Die schweren Sitzringe werden jedoch in einer
Spezialmaschine gebogen.
Die innere Oberfläche des gebogenen Rundstabs wird durch

1958
Pablo Picasso im Schaukel-
stuhl (kleineres Modell
Nr. 22) in seinem Haus
bei Cannes. Aus: *The Pri-
vate World of Pablo Picasso,*
Ridge Press. Foto: David
Douglas Duncan.

1959
Marilyn Monroe in einer
Pause während der Drehar-
beiten zu *Let's Make Love,*
20th Century Fox Film
Corporation. Foto: Bob
Willoughby.

den starken Druck oft uneben, und die gebogenen Teile werden deshalb in einer Spezialmaschine sorgfältig nachgefräst, damit ein kreisrunder Querschnitt und eine völlig glatte Oberfläche gewährleistet ist. Das Beizen geschieht heute mit einer Spritzpistole. An die Stelle des einstigen handgefertigten Geflechts ist heute maschinengefertigtes Material getreten, das in Rollen aus Hongkong geliefert wird. Diese Meterware wird in eine schmale Nut auf der Oberseite des Sitzrings gepreßt und mit Peddigrohr, das in Leim gebettet wird, befestigt, wonach das überstehende Geflecht abgeschnitten wird.

1965
Die retrospektive Thonet-Ausstellung im Bauzentrum in Wien, gestaltet von dem Wiener Architekten und Thonet-Experten Professor Karl Mang. Alte Modelle aus Boppard wurden hier erstmals in Wien gezeigt, im Hintergrund steht der rechteckige Tisch, der 1851 in London ausgestellt wurde.

Das hohe Qualitätsniveau, nach dem die Firma Thonet stets strebte, die teure Arbeitskraft und die erheblichen Unkosten haben zu hohen Preisen geführt. Der Stuhl Nr. 14 ist heute nicht mehr der konkurrenzfähige Gebrauchsartikel für jedermann.

In den osteuropäischen Ländern, besonders in der Tschechoslowakei und in Jugoslawien, wo es genügend Rohmaterial gibt und die Produktion in staatlicher Regie liegt, werden die klassischen Thonet-Modelle seit langem in ansehnlichen Mengen, erträglicher Qualität und zu erschwinglichen Preisen hergestellt.

Im tschechischen Teil der sozialistischen Republik (früher Böhmen und Mähren) befinden sich sechs zusammengeschlossene Produktionsstätten mit Hauptverwaltung in Brno (Brünn), die mehr als 40 Prozent der Gesamtproduktion der Möbelindustrie liefern. Vor dem Zweiten Weltkrieg gehörten diese Fabriken dem Thonet-Mundus-Konzern an, nach dem Krieg wurden sie verstaatlicht und die Produktion von Bugholzstühlen wurde in dem staatlichen Unternehmen Thonet (später TON) konzentriert.

Die älteste der Fabriken im früheren Mähren steht in Koryčany

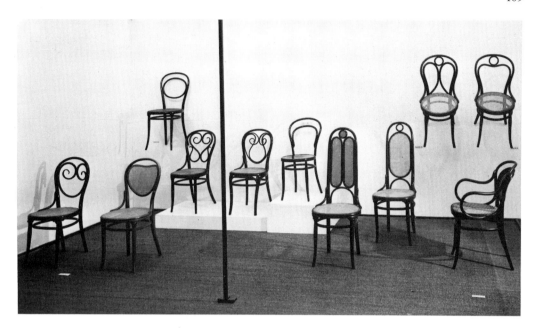

1965
Sonderschau »Michael
Thonet«, Abteilung mit
klassischen Stühlen auf
der retrospektiven Ausstellung im Bauzentrum in
Wien.

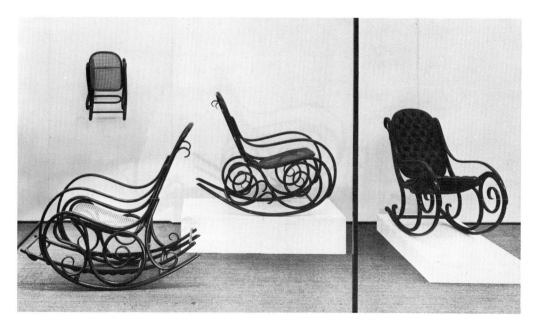

(Koritschan), wo Michael Thonet schon 1859 mit der Massenfertigung des Stuhls Nr. 14 begonnen hatte. Heute werden dort
Schränke und Küchenmöbel hergestellt. Die Fabrik TON, in
der die Gesamtfabrikation von Bugholzstühlen untergebracht
ist, liegt in Bystriče (Bistritz), wo Thonet im Jahr 1861 seine
zweite Fabrik errichtete. Heute werden die Bugholzstühle, die
zu etwa 60 Prozent in viele Länder exportiert werden, in einer
neuen, 1971 gebauten Fabrik hergestellt. Dort werden die klassischen Thonet-Modelle gefertigt, der Stuhl Nr. 14 (der in Koritschan, weniger als 50 Kilometer entfernt, entstanden war),
der Stuhl Nr. 18, der Armstuhl Nr. 9 und ein ziemlich einfacher
Schaukelstuhl. Bis vor zwei Jahren wurde das Geflecht wie
einst von Hand in den Bohrlöchern im Sitzring befestigt.
Zur Förderung der Möbelindustrie, die sehr viel verschiedene
Möbeltypen umfaßt, wurde 1954 eine Entwicklungsinstitut gegründet, das 1970 mit der staatlichen Forschungsstelle in Brno
zusammengelegt wurde. Es befaßt sich mit der Ausarbeitung
neuer Modelle, die die Hälfte der Produktion ausmachen, mit
neuen Techniken und Produktionsmethoden, mit Materialprüfungen und Prototypen in einer Spezialwerkstatt. 1958 wurde
ein Marktforschungs- und Vertriebszentrum in Prag eröffnet.
Der Möbelexport wird ausschließlich von der Exportfirma
Drevounia in Bratislava (Preßburg) abgewickelt. Seit 1960 hat
sich der Export fast verdoppelt, und der Fünfjahresplan
1976-1980 sah eine sechzigprozentige Steigerung der Möbelproduktion vor. Im Schloß Holešov sind im Rahmen einer Aus-

Um 1900
Dampfbad, liegend.

1973
Liza Minnelli in dem Film
Kabarett, der anfangs der
dreißiger Jahre in Berlin
spielt. ABS Pictures Corp.
(Feuer und Martin).

stellung fast 300 Stücke zu sehen, die die Geschichte des Bugholzstuhls und der Bugholztechnik dokumentieren.

Auch in Jugoslawien, in der Fabrik Mundus Florijan Bobič in Varazdin, werden die klassischen Thonet-Stühle Nr. 14 und Nr. 18 in Stückzahlen von 60 000 jährlich zu sehr günstigen Preisen hergestellt. Die Fabrik wurde schon 1892 gebaut und war bis zum Zweiten Weltkrieg dem Thonet-Mundus-Konzern angegliedert. Nach dem Krieg wurde das Unternehmen verstaatlicht, und 1955 wurde eine neue Fabrik für Bugholzstühle gebaut, die heute zur Hälfte in die ganze Welt exportiert werden. Angesichts der ziemlich langsamen Zunahme neuer Arbeitskraft in diesen Ländern ist klar, daß die Produktionssteigerungen vor allem durch Intensivierung mit Hilfe der Mechanisierung und Automatisierung der Holzverarbeitungsverfahren erzielt werden.

Auch die billigen Gebrauchsstühle aus Osteuropa sind heute die Nachfolger der klassischen Bugholzmöbel. Sie stammen aus den Waldgebieten, in denen die Arbeit mit Holz seit jeher die Existenzgrundlage der Bevölkerung ausmachte und wo die Geschichte des industriell gefertigten Bugholzstuhls um die Mitte des letzten Jahrhunderts begann.

1978
Das Biegen des gedämpften Rundstabs mit daran befestigter Stahlschiene unmittelbar vor dem Einspannen in die Eisenform. Thonet-Fabrik in Frankenberg.

1978
Die heutige Version des
klassischen Stuhls Nr. 14,
jetzt 214, der Gebrüder
Thonet GmbH in Franken-
berg in etwas veränderter
Formgebung aus ausgesuch-
tem Material und in hervorragender Verarbeitung.
Sitzhöhe 46 cm, Sitzbreite
43 cm, Gesamthöhe 84 cm,
Gewicht 3 kg.

1978
Die tschechoslowakische
Fabrik TON in Bystriče
(Bistritz) fertigt den Stuhl
Nr. 14 unter der Bezeich-
nung 1/14. Bis vor wenigen
Jahren wurde das Rohr
wie in alter Zeit direkt
in den Sitzring eingeflochten.
Sitzhöhe 46 cm, Sitzdurch-
messer 40,5 cm, Gesamt-
höhe 84 cm, Gewicht 3,5 kg.

1978
Die jugoslawische Fabrik
Mundus Florijan Bobič
in Varazdin fertigt den
Stuhl Nr. 14 unter der
Bezeichnung A-18/3/10.
Sitzhöhe 46 cm, Sitzdurch-
messer 40,5 cm, Gesamt-
höhe 86 cm, Gewicht 3,5 kg.

GEDANKEN UM THONET

In den vorstehenden Kapiteln wurde versucht, die technischen, wirtschaftlichen und sozialen Voraussetzungen aufzuzeichnen, die den historischen Hintergrund für Michael Thonets Werk bilden, das immer auch das Werk einer Persönlichkeit mit singulären Eigenschaften und einer unstillbaren Energie bleiben wird. Danach ist es natürlich, die vielen Faktoren zu untersuchen und zusammenzufassen, die die Produktion eines billigen Konsumguts ermöglichten, denn dieser Gebrauchsgegenstand eroberte die Welt und blieb über einen Zeitraum von 120 Jahren bei der vornehmen Gesellschaft wie bei dem Mann auf der Straße beliebt. Eine Reihe technischer, wirtschaftlicher und sozialer Voraussetzungen bildet den historischen Hintergrund für Michael Thonets Werk, doch ausschlaggebend war er selbst als Persönlichkeit mit besonderen Eigenschaften und einem unstillbaren zielstrebigen Tatendrang.

Am Anfang war Thonet ein armer, junger Kunsttischler, der unbedingt Möbel mit gebogenen Formen schaffen wollte, und dieser Wunsch wurde für ihn zum Ansporn, eine neue arbeits- und materialsparende Technik zu entwickeln, damit diese Möbel in weiten Kreisen verkäuflich wurden.

Betrachten wir beispielsweise die Anfertigung eines Stuhls, so ist es ziemlich aufschlußreich, einen raschen Vergleich zwi-

Um 1900
Arbeiterwohnung in Kopen-
hagen.

schen der traditionellen Kunsttischlerei und dem Bugholzver-
fahren anzustellen.

Traditionelle Tischlerei: Mehrere Elemente müssen geformt
und einzeln zugerichtet werden. Sie werden mit Hilfe von Leim
verzapft, mit Schwalbenschwanzverbindungen oder anders zusammengefügt.

Bugholzarbeit: Sehr wenige Elemente werden fast ohne Abfall
maßgedreht und nach dem Biegen ohne Leim verschraubt.

Die Verwendung von Bugholz führt also zu einer Vereinfachung des Herstellungsprozesses und zu einer Montagemetho-
de, die sich von der im Tischlerhandwerk üblichen Technik völlig unterscheidet. Die endgültige Form des Bugholzstuhls ist
das Ergebnis unermüdlicher Arbeit mit Holz und Holzverarbeitungsverfahren; vorausgegangen ist aber die Idee, gebogene
Formen zu schaffen.

Zu Thonets angeborenen Talenten kam sein handwerkliches
Können und die Vertrautheit mit Werkzeug und Material, die

1903
Beim Arzt: »Ich glaube,
der Mann ist eingeschlafen!«
Aus dem *Simplicissimus*.

1900
Das Postamt auf den Ton-
ga-Inseln (Freundschaftsin-
seln) im Pazifik.

er sich in harter, siebenjähriger Lehr- und Gesellenzeit erworben hatte. Er war von einer Idee besessen und hatte die Fähigkeit, Probleme mit offenem Sinn anzugehen; dazu zeichnete er sich durch einen eisernen Willen und große Beharrlichkeit aus, so daß es ihm gelang, Schritt für Schritt beim Experimentieren neue Methoden für neue Möbelformen zu finden. In gewisser Weise gehören solche Eigenschaften auch zur Arbeit des Wissenschaftlers oder zum Werk des Künstlers, obwohl es sich hier natürlich um andere Aufgaben und andere Hilfsmittel handelt. Thonets Leistung ist ein schlagender Beweis für die Wichtigkeit des persönlichen Kontakts zwischen dem Werk und seinem Schöpfer. Zu jener Zeit ging dieser Kontakt verloren, da sich die Formgebung, heute sagen wir Design, von der industriellen Produktionsform trennte, die mit den alten Handwerkstraditionen brach und den Markt mit billiger, aber schäbiger Ware überschwemmte. Die Formgebung wurde plötzlich ein gesonderter Wissenszweig, der Geld kostete und nicht notwendig war, während der Verkaufserfolg der Massengüter auf ihrem billigen Preis beruhte. Der hervorragende deutsche Architekt und Kunsthistoriker Gottfried Semper schrieb 1863 in seinem

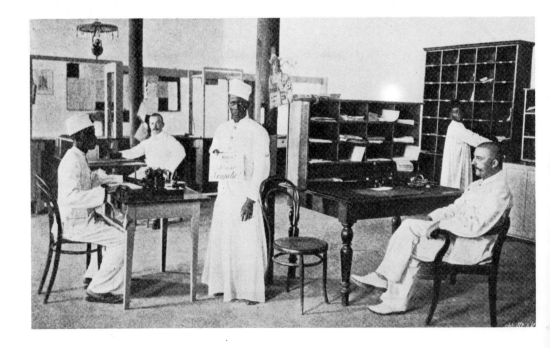

1906
Das O'Neill & Bristol
Oyster and Chop House
an der Sixth Avenue in
New York, ausgestattet
mit dem Stuhl Nr. 145
(Variante von Nr. 18).
Eine kombinierte Gas-
und Elektrobeleuchtung
wurde in diesem Restaurant
beibehalten. Das niedere
Trennelement mit Schild-
blumen spiegelt sich in
den Spiegeln an der Seiten-
wand, wodurch der Raum
breiter wirkt.

Buch *Der Stil in den technischen und tektonischen Künsten, oder praktische Ästhetik* (zwei Bände, München 1860-1863): »So bleibt die Initiative in der industriellen Produktion dem Künstler durchaus fern; dieser tritt vielmehr nur als Rubrik unter den Specialitäten auf die der Fabrikherr beschäftigt, ungefähr wie die Bereitung der Tonmasse einen besonderen Kneter erfordert, oder wie die Leitung der Öfen einem Oberheizer übergeben ist, ... Nur mit dem Unterschied daß der Fabrikherr letzteren meistens freie Hand läßt, weil er die Unzulänglichkeit seiner eignen technischen Kenntnisse fühlt, wogegen jeder Esel etwas von der Kunst verstehen will.«

Thonet verstand es, die Aufmerksamkeit auf seine Arbeiten zu lenken, und er war schnell bereit, die Chance zu ergreifen, als der österreichische Staatskanzler ihn aufforderte, nach Wien zu

1911
Frederik Buch als dicker
Mann in der dänischen
Filmkomödie *Tvillingerne*
(Die Zwillinge), Nordisk
Film.

kommen. Allen Rückschlägen zum Trotz hielt er an seiner Idee
fest und ließ seine neuen Methoden schon frühzeitig patentieren, um sich die Priorität zu sichern.
Von Anfang an verschafften ihm in Wien seine handwerkliche
Tüchtigkeit und seine neuen Verfahren großes Ansehen so-

1905
Der Negerhäuptling Kaba-
rega im Exil auf den Sey-
chellen, einer britischen
Kronkolonie im Indischen
Ozean. Kabarega kämpfte
standhaft für die Unabhän-
gigkeit Ugandas, wurde
aber schließlich gefangen
und auf die Seychellen
verbannt.

1915
In seinem Schloß Schön-
brunn vor Wien nimmt
Kaiser Franz Joseph die
Glückwünsche der Armee
zu seinem 85. Geburtstag
entgegen. Er starb im darauffolgenden Jahr.

1915
Charlie Chaplin und Ben
Turpin in der amerikani-
schen Filmkomödie
A night out, Essany.

wohl beim Architekten als auch beim Bauherrn, die ihn in der schwierigen Anfangszeit der Selbstständigkeit großzügig unterstützten. Außerdem sei nicht vergessen, daß er fünf Söhne hatte, die nacheinander ins Geschäft eintraten und außergewöhnlich eng mit ihrem Vater zusammenarbeiteten. Das alles waren die besten Voraussetzungen für seinen dynamischen Schaffensdrang.

Historisch gesehen erschien Michael Thonet gerade zum richtigen Zeitpunkt in einem Land, das über ausgedehnte, ungenutzte Buchenwälder verfügte und in dem zu gleicher Zeit eine Arbeitskraftreserve in den ländlichen Gebieten erschlossen werden konnte. Der wirtschaftliche Aufschwung im Gefolge der unaufhaltsamen Industralisierung ließ die Kaufkraft der arbeitenden Bevölkerung anwachsen, und der Ausbau der Transport- und Kommunikationsmittel ermöglichte einen ausgedehnten Vertrieb und Export in ferne Länder.

Vom industriellen Gesichtspunkt aus gleicht die Entwicklung und der Erfolg der Firma Thonet in manchen Zügen dem abenteuerlichen Aufschwung von Ford eine Generation später. Ford brachte im Jahr 1909 sein Modell T heraus, nachdem es ihm endlich gelungen war, eine geeignete Konstruktion zu finden, die haltbar und billig war. In nur 24 Jahren stellte er dann

1925
Innenansicht des Pavillon
de l'Esprit Nouveau in
Paris (Architekt Le Corbusier) mit Thonet-Stühlen
und Bildern von Fernand
Léger und Ch. Jeanneret
(Le Corbusier). Le Corbu-
sier begründete seine Wahl
eines billigen, massengefertigten Stuhls mit folgenden
Worten: »Wir glauben,
daß dieser Stuhl, der in
Europa wie in Nord- und
Südamerika millionenfach
in Gebrauch ist, Adel be-
sitzt.«

28 Millionen Autos in Massenfabrikation her. Wie Edison zog
er es vor, Gebrauchsgüter für die Menge der Käufer zu produ-
zieren, statt Luxusgegenstände für eine Minderheit herzustellen.
Wenn man die historischen Hauptmerkmale der Betriebsstruk-
tur der Firma Gebrüder Thonet kurz erläutert, erkennt man,
daß technische Herstellung und kaufmännischer Vertrieb völlig
getrennt sind, wie es insgesamt den Verhältnissen in der modernen Großindustrie entspricht.
1. Uneingeschränkte Verfügung über das Rohmaterial durch
Erwerb der Rechte zur Nutzung der Buchenwälder.
2. Arbeitsteilung mit Beschäftigung ungelernter Arbeitskräfte,
die für die Arbeit an einer maschinellen Fertigungsstraße ange-
lernt werden.
3. Gründung einer weltweiten Verkaufsorganisation für einen
erfolgreichen Vertrieb der Produkte.
4. Öffentlichkeitsarbeit und Bekanntmachen des Firmenna-
mens durch Teilnahme an internationalen Ausstellungen.
Michael Thonet hätte die Gönnerschaft des Fürsten Metternich
und des österreichischen Kaisers ausnutzen und sein fachliches
Wissen in den Dienst der Mächtigen stellen können. Er zog es
jedoch vor, für den großen Markt zu arbeiten und einen Stuhl

1936
Charlie Chaplin und Pau-
lette Godard in der ameri-
kanischen Filmkomödie
Moderne Zeiten, United
Artists.

zu schaffen, der für jedermann erschwinglich war. Das ist sein
größtes Verdienst.
Die spätere Entwicklung von Thonets Pionierleistung zeigt
deutlich, daß er stets auf einen Stuhl hinarbeitete, der durch

1936
Französische Artisten mit
Thonet-Stühlen. Werbe-
photo von Jules Cheroy.

Massenfertigung verbilligt und daher in großen Mengen abgesetzt werden konnte. Von entscheidender Bedeutung war dabei, daß sich der Stuhl auf einfache Weise in wenige Elemente zerlegen ließ, denn damit wurde das Problem des Versands – Verpacken und Transport – überlegen gelöst. Thonet war sich aber auch bewußt, daß ein solcher Stuhl ein erstklassiges Qualitätserzeugnis sein mußte, das in der ganzen Welt den stärksten Beanspruchungen gewachsen war und eine lange Lebensdauer hatte.

Schon im illustrierten Katalog zur Ausstellung von 1862 in London hatte Wilhelm Hamm auf die Leichtigkeit und Festigkeit der Thonet-Stühle hingewiesen, ebenso auf ihre schöne Form, an die sich das Auge seiner Meinung nach erst gewöhnen mußte. Diese beiden Eigenschaften hängen eng zusammen und wurden im Lauf der Zeit vielfach erprobt, so zum Beispiel als ein Stuhl Nr. 14 vom Eiffelturm hinuntergeworfen wurde und

1978
Eßzimmer in einer heutigen Wohnung. Aus der dänischen Zeitschrift *Bo Bedre* (Besser leben).

Ein Artist mit weißen Bugholzstühlen. Dieser Stuhl mit dem Sperrholzsitz wurde von den Artisten wegen seiner Leichtigkeit, Elastizität und runden Form stets bevorzugt.

Der dänische Sprungbrett-akrobat Aage Rasmussen (geboren 1896) pflegte mit einem Stuhl einen Salto mortale nach vorn auszuführen. In der Ausgangsstellung hielt er die vorderen Beine des umgestürzten Stuhls, am Schluß saß er auf dem Stuhl.

nicht entzweiging. Eine Firmenanekdote legt ebenfalls Zeugnis davon ab: In einem Theaterstück schleuderte ein Schauspieler einen Stuhl quer über die Bühne, und zwar bei jeder Vorstellung während einer ganzen Spielzeit. Eines Abends fragt der Schauspieler, der den Stuhl stets unbeschädigt zurückerhält, wer der Hersteller sei. Die Antwort lautet: Thonet.

In Jahren und Jahrzehnten fertigten Thonet und seine Söhne viele Stuhlmodelle, jedoch nicht als Ersatz für die ersten Stühle, mit denen die Firma Wind in die Segel bekommen hatte. Vater und Söhne hielten sich getreu an die einfachen Modelle, die abgewandelt und an Millionen neue Kunden auf der ganzen Welt abgesetzt wurden. Vater Thonet nahm die Herausforderung seiner Zeit an und überwand zielbewußt die scheinbar unvereinbaren Gegensätze zwischen Kunst (Formgebung) und Industrialisierung (maschinelle Fertigung). Er wählte die Eigenschaften aus, die dazu führten, daß sein Produkt überlebte. Im

1978
Moderne Wohnungen
in São Paulo. Aus einer
brasilianischen Zeitschrift
für modernes Wohnen.

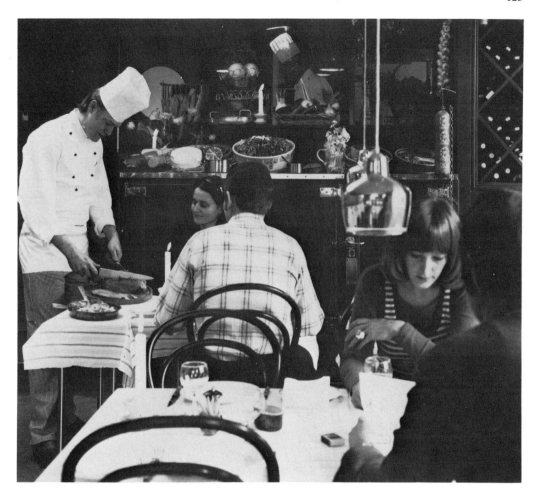

1978
Das Restaurant im Skovsho-
ved-Hotel nördlich von
Kopenhagen. Im Hotel
befinden sich auch Konfe-
renzräume, die mit dem
Bugholz-Armlehnstuhl
Nr. 209 ausgestattet sind.

1978
Zeitungskarikatur mit
dem österreichischen Bun-
deskanzler Kreisky.

1978
Der Stuhl Nr. 14 auf der
Bühne. Aus einer Auffüh-
rung des amerikanischen
Musicals *Starting Here
– Starting Now* von Shire
und Maltby im Bristol
in Kopenhagen.

vorigen Jahrhundert verwirklichte sein einfacher Stuhl das ei-
gentliche Ziel der industriellen Revolution: einen nützlichen,
dauerhaften Gebrauchsgegenstand zu schaffen, den jedermann
sich leisten konnte.

Heute wird die Kauflust mit Hilfe der Werbung ständig durch
neue Möbeltypen mit Formkunststoff, verchromtem Stahl und
Kunstleder angestachelt. Der klassische Thonet-Stuhl jedoch
ist zeitlos und findet nach wie vor Gefallen, besonders auch bei
jungen Menschen, die sich von den Zwängen der Überflußge-
sellschaft lösen wollen und einfache, gebrauchsfähige Gegen-
stände bevorzugen, die nicht mit jeder Laune der Mode durch
Neues ersetzt werden müssen. Heute findet man den Thonet-
Stuhl überall, in Kaufhäusern, in Zeitungsanzeigen, in Wohnungen, in gemütlichen Speiselokalen und auf der Bühne.

Diese Geschichte eines Stuhls aus dem Jahre 1859, gerade dem
Erscheinungsjahr von Darwins Werk *Über die Entstehung der
Arten durch natürliche Zuchtwahl*, beweist, daß die Überlebensfähigkeit eines Gebrauchsgegenstandes auf funktionellen,
technischen und künstlerischen Eigenschaften beruht.

1976
Anzeige in der dänischen
Tageszeitung *Politiken*
für den Stuhlmarkt des
Kaufhauses Magasin.

ZEITTAFEL

Die Schnellpresse	1796	2. Juli. Michael Thonet in Boppard/Rhein, damals preußisch, geboren.
Elektromagnetismus	1819	Eigener Betrieb als Möbel- und Bautischler.
Die Eisenbahn	1830	Erste Versuche mit Möbelteilen aus Schichtholz.
Die Photographie	1837	Erste Stühle ganz aus Schichtholz hergestellt.
	1841	Die neue Schichtholztechnik wird in Frankreich, Belgien und England patentiert. Thonet stellt Schichtholzarbeiten auf der Gewerbeausstellung in Koblenz aus.
	1842	Thonet geht auf Veranlassung des österreichischen Staatskanzlers, Fürst Metternich, nach Wien. Thonet wird das Privileg verliehen: »Jede, auch selbst die sprödeste Gattung Holz auf chemisch-mechanischem Wege in beliebige Formen und Schweifungen zu biegen«.
Das Streichholz	1843	Thonet fertigt für den Wiener Kunsttischler Carl Leistler Parkettfußböden und Salonstühle für das Palais Liechtenstein.
	1849	Thonet gibt die Partnerschaft mit Leistler auf und gründet seinen eigenen Betrieb in Wien.
	1850	Erster Stuhl der Eigenproduktion im Niederösterreichischen Gewerbeverein ausgestellt. Erster Auftrag für ein öffentliches Lokal: Stuhl Nr. 4 für das Café Daum am Kohlmarkt in Wien.
Die Nähmaschine	1851	Thonet auf der Weltausstellung im Kristallpalast in London. Luxusmöbel mit Preismedaille ausgezeichnet.
	1852	Thonet und seinen Söhnen wird das Privileg verliehen: »Dem Holze durch Schneiden und wieder Zusammenleimen jede beliebige Biegung und Form in verschiedener Richtung zu geben«.
	1853	Der Betrieb wird auf Thonets fünf Söhne übertragen. Die Firma Gebrüder Thonet wird eingetragen. Sie beschäftigt 42 Arbeiter und installiert die erste Dampfmaschine.

Die Bessemer-Birne	1854	Gebrauchsmöbel in München ausgestellt, mit Bronzemedaille ausgezeichnet.
	1855	Konsummöbel der Gebrüder Thonet werden auf der Weltausstellung in Paris mit Silbermedaille ausgezeichnet. Erster Exportauftrag nach Südamerika.
	1856	Die Familie Thonet erhält die österreichische Staatsbürgerschaft. Experimente mit Werkstücken aus massivem Holz unter Verwendung von Stahlschienen gebogen.
		Der Firma Gebrüder Thonet wird das Privileg erteilt: »Auf die Anfertigung von Sesseln und Tischfüßen aus gebogenem Holze, dessen Biegung durch Einwirkung von Wasserdämpfen oder siedenden Flüssigkeiten geschieht«.
		Bau der ersten Fabrik für Massenherstellung von Bugholzstühlen in Koritschan in Mähren.
	1857	Arbeitsteilung, Maschinenkraft und selbstkonstruierte Produktionsmittel für Massenherstellung von Fertigprodukten.
Der Suezkanal	1859	Der Stuhl Nr. 14, der Vierzehner, wird aus massivem Holz massenhergestellt.
	1860	Die Firma erhält ein Patent für ein Wagenrad mit auswechselbaren Speichen.
		Der erste Schaukelstuhl wird in der Fabrik in Koritschan gefertigt.
		Zweite Fabrik in Bistritz am Hostein, Mähren, errichtet.
	1862	Billige Konsumwaren werden auf der Weltausstellung in London mit Bronzemedaille ausgezeichnet. Niederlassung in der Oxford Street.
		Sägewerk und Dreherei in Groß-Ugrocz errichtet. Später zur Fabrik für Fertigwaren ausgebaut.
Der Eisenbeton	1867	Fabrik und Sägewerk in Wsetin (Mähren) und Hallenkau errichtet. Der Stuhl Nr. 18, der vorwiegend nach Südamerika exportiert wird, geht in Produktion.
		Gebrüder Thonet werden auf der Weltausstellung in Paris mit einer Goldmedaille ausgezeichnet.
Die Schreibmaschine	1869	Dezember: Ablauf des Privilegs von 1856. Erste Konkurrenzfirmen.
	1871	3. März Tod Michael Thonets.
	1873	Gebrüder Thonet beschicken die Weltausstellung in Wien.
Der Fernsprecher	1876	Gebrüder Thonet beschäftigen 4 500 Arbeiter, die mit Dampfmaschinen von 260 PS täglich 2 000 Möbelstücke erzeugen, davon 1 750 Stühle.
Die Glühbirne		Die Firma stellt in Philadelphia und St. Louis aus.
	1880	Neue Werke gegründet in Novo-Radomsk in Russisch-Polen.
	1884	Der Niederösterreichische Gewerbeverein verleiht der Firma Gebrüder Thonet die Große Goldmedaille.
Das Auto	1885	Der Stuhl Nr. 56 mit unterteilter Rückenlehne, das billigste Modell der Firma.
Die Setzmaschine	1887	Die Firma beschickt die amerikanische Ausstellung in London und stellt gleichzeitig in ihrer Niederlassung in der Oxford Street aus.
	1888	Die ersten Klappstühle der Welt für das Deutsche Volkstheater in Wien.
Der Eiffelturm	1889	Gründung der Fabrik in Frankenberg/Hessen, jetziger Hauptsitz der Firma.
Der Diesel-Motor	1890	In den achtziger Jahren werden mehrere Sägewerke in Galizien und Ungarn gepachtet, die Rohmaterial für die mährischen Werke liefern.
Drahtlose Telegraphie	1899	Lieferung der Stühle für das Café Museum in Wien (Architekt Adolf Loos).

Der Zeppelin Der Gilletteapparat	1900	Gebrüder Thonet beschäftigen 6 000 Arbeiter, die mit 20 Dampfmaschinen 4 000 Möbelstücke täglich erzeugen. 26 Firmen mit 25 000 Arbeitern in 35 Fabriken erzeugen täglich 15 000 Möbelstücke, davon 12 000 Stühle.
Das Motorfliegen	1904	Speziell entworfener Armstuhl für die Räume des Vorstandes der Postsparkasse in Wien (Architekt Otto Wagner).
	1906	16 Konkurrenzfirmen schließen sich zu der Holdinggesellschaft Mundus zusammen. Tagesproduktion 3 000 Stück. Die Gebrüder Thonet erzeugen in 7 Fabriken täglich 5 000 Stücke und J. & J. Kohn in 4 Fabriken 2 500 Stücke.
Der Nordpol erreicht Der Südpol erreicht	1910	Die Erfindung Michael Thonets wird in Österreich von 52 Firmen verwertet, die in 60 Fabriken 35 000 Arbeiter beschäftigen.
	1921	Der Familienbetrieb wird zu einer Aktiengesellschaft umgewandelt und mit der Konkurrenzfirma Jacob & Josef Kohn vereinigt.
Das Grammophon	1923	Die Thonet AG schließt sich mit der konkurrierenden Holdinggesellschaft Mundus zum Konzern Thonet-Mundus zusammen.
	1925	Der Armstuhl Nr. 9 im Pavillon de l'Esprit Nouveau in Paris (Architekt Le Corbusier).
Der Tonfilm	1926	Thonet-Mundus erhält die Herstellungsrechte für die unter dem Einfluß des Bauhauses (Dessau) entworfenen Stahlrohrstühle von Mart Stam und Mies van der Rohe.
Das Tonbandgerät	1929	Der Konzern schreibt einen internationalen Wettbewerb für Bugholzstühle aus. 4 000 Entwürfe; keiner wird ausgeführt.
Der Fernschreiber Das Fernsehen	1930	Thonet-Mundus beschäftigt 10 000 Arbeiter und stellt täglich 18 000 Stühle her. Der Stuhl Nr. 14, der Vierzehner, und seine Varianten sind bis dahin in sämtlichen Fabriken einer Stückzahl von annähernd 75 Millionen gefertigt worden.
	1938	Thonet-Mundus wird aufgelöst, die Familie Thonet übernimmt wieder ihre eigenen Fabrikanlagen.
	1939	März: Deutsche Truppen marschieren in Böhmen und Mähren ein.
Die Atombombe Das Elektronengehirn	1945	März: Das Werk in Frankenberg wird bei einem Fliegerangriff der Alliierten total zerstört. Die Thonet-Fabriken hinter dem Eisernen Vorhang werden später verstaatlicht.
Die Wasserstoffbombe	1953	Ausstellung im Museum of Modern Art in New York anläßlich des hundertjährigen Jubiläums der Firmengründung (Architekt Enrico Peressutti).
Raumfahrt	1965	Retrospektive Ausstellung von Bugholzstühlen und Schaustücken im Bauzentrum in Wien (Architekt Karl Mang). Später in anderen europäischen Hauptstädten gezeigt.
Mondlandung Die Concorde	1967	Ausstellung im Carpenter Center for the Visual Arts der Harvard University in Cambridge, Mass.: *Form from Process – The Thonet Chair.* Klassische Modelle aus der Sammlung von John Sailer in Wien.
	1978	Ausstellung in der Villa Reale in Mailand. Die Firmen Gebrüder Thonet und Rosenthal vertreten die Bundesrepublik.

LITERATURHINWEISE

Die nachstehend aufgeführten Bücher und Zeitschriften erwähnen Michael Thonet und seine Erfindung

Andes, Louis Edgar. *Die Holzbiegerei.* Wien 1903.

Bangert, Dr. Albrecht. *Thonetmöbel.* München 1979.
Bieber, Karl Augustinus. »Thonet-Möbel als pädagogisches Instrument«, *Das Haus Thonet.* Frankenberg 1969.
Buchwald, Hans H. *Form from Process – The Thonet Chair.* Catalogue for the exhibition at Harvard University, Carpenter Center for the Visual Arts, Harvard University, Cambridge, Mass., 1967.

Candilis, G. u. a. *Bugholzmöbel.* Stuttgart 1980.
Corbusier, Le. *L'art décoratif d'aujourd'hui.* Paris 1925.
Corbusier, Le. *Almanach d'Architecture Moderne.* Paris 1925.

Daniel, Greta. »General introductory caption for the exhibition at Museum of Modern Art on occasion of Thonet Brothers 100-years anniversary«, *Interiors,* 113, New York September 1953.

Exner, Wilhelm Franz. *Das Biegen des Holzes.* Weimar 1876, neue Ausgabe Leipzig 1922.

Frey, Gilbert. *Das moderne Sitzmöbel von 1850 bis heute.* Teufen AR (Schweiz) 1970.

Gloag, John. *A Social History of Furniture Design.* New York 1966.
Gomringer, Eugen. *Thonet – Klassiker der guten Form.* Gebrüder Thonet, Frankenberg 1963.

Gueft, O. »Thonet Exhibition at Museum of Modern Art designed by Enrico Peressutti«, *Interiors,* 113, New York September 1953.

Hassinger, H. »Forschungen über Firmen und Unternehmer in Österreich«, *Tradition,* 2, München 1957.
Heller, Hermann. *Von der kleinen Tischlerwerkstätte zum Weltindustriehaus: Michael Thonet, der Erfinder und Begründer der Bugholzmöbelindustrie.* Brünn 1926.
Henningsen, Poul. »Hvad er moderne kunstindustri«, *Kritisk Revy,* 4, Kopenhagen 1927.
Honour, Hugh. *Cabinet Makers and Furniture Designers.* London 1969.
Hufnagel, Leopold. *La Question du Hêtre dans les Forêts Autrichiennes.* Wien 1899.

Kollmann, F. *Technologie des Holzes,* Abschnitt VII. Berlin 1936.
Kramer, Ferdinand. »Die Thonet-Industrie«, *Die Form,* 8, Berlin 1929.

Mang, Karl. *Bugholzmöbel – Das Werk Michael Thonets.* Wien 1965.
Mang, Karl. *Das Haus Thonet.* Festschrift, Frankenberg 1969.
Mang, Karl. *Geschichte des modernen Möbels.* Stuttgart 1978.
Massobrio, Giovanna und Portoghesi, Paolo. *La seggiola di Vienna.* Turin 1976.
Meadmore, Clement. *The Modern Chair.* London 1974.

Santoro, Giorgio. *Il caso Thonet.* Rom 1966.
Schaefer, Herwin. *The Roots of Modern Design.* London 1970.
Schroeder, Francis de N. »As the Bough Is Bent«, *Interiors,* 106, New York Mai 1947.

Žák, Jiři und Suman A. *Ein Buch über den Stuhl.* Ligna, Prag 1970.

The Cabinet Maker & Art Furnisher. Vol. VIII. London 1887.
International Exhibition in London 1862. Reports by the Juries. London 1863.

Die folgenden Werke wurden herangezogen, um die historischen, volkswirtschaftlichen und kulturpolitischen Umstände der Zeit zu erhellen.

Ahrenstein, Josef. *Austria at the International Exhibition in London 1862.* Wien 1863.
Andics, H. *Das österreichische Jahrhundert.* Wien 1974.
Ashton, T.S. *The Industrial Revolution 1760-1830.* London 1948.
Aslin, Elizabeth. *Nineteenth Century English Furniture.* London 1962.
Asplund, Gunnar. *Acceptera.* Stockholm 1931.

Barea, Ilse. *Vienna, Legend and Reality.* London 1966.
Bobek, H. und Lichtenberger, E. *Wien, Bauliche Gestalt und Entwicklung seit der Mitte des 19. Jahrhunderts.* Graz/Köln 1966.
Brachelli und Migerka. *Oesterreichs commercielle und industrielle Entwicklung in den letzten Jahrzehnten.* Wien 1873.
Buchinger, J. *Der Bauer in der Kultur- und Wirtschaftsgeschichte Österreichs.* Wien 1952.

Charmatz, Richard. *Österreichs innere Geschichte von 1848-95.* Leipzig 1918.

Ellis, Robert. *Official Descriptive and Illustrated Catalogue.* London 1851.
Exner, Wilhelm Franz. *Beiträge zur Geschichte der Gewerbe und Erfindungen in Österreich von der Mitte des 18. Jahrhundert bis zur Gegenwart.* Wien 1873.

Gartenberg, Egon. *The End of an Era – Johann Strauss.* Pennsylvania 1974.
Grünberg, Karl. *Die Bauernbefreiung.* Leipzig 1894.
Grünberg, Karl. *Die Grundentlastung.* Wien 1899.

Henderson, W.O. *The Zollverein.* London 1929.

Jonák, Eberhard. *Bericht über die allgemeine Agrikultur- und Industrieausstellung in Paris 1855.* Wien 1855.

Kohn, Hans. *The Habsburg Empire 1804-1918.* Princeton 1961.
Koppensteiner, S. *Die Regelung der bäuerlichen Verhältnisse.* Wien 1949.

Loosey, Carl F. *Erfindungs-Privilegien der sämmtlichen Staaten Europas.* Wien 1845.
Lüdvig, B. *Möbel-Tischlerarbeiten, Officieller Ausstellungsbericht, Weltausstellung 1873,* Heft 43, Wien 1873.

Matis, H. *Österreichische Wirtschaft 1844-1913.* Berlin 1972.
Morawietz, M. *Die Durchführung der Bauernbefreiung.* Wien 1937.
Morris, William. *On Art and Socialism. Essays and lectures selected by Holbrook Jackson.* London 1947.
Morris, William. *Selected writings and designs.* Edited with an introduction by Asa Briggs. Middlesex 1962, 1968.
Mumford, Lewis. *The Myth of the Machine. Technics and human development.* London 1967.

Newald, J. *Die Forstwirtschaft. Officieller Ausstellungs-Bericht.* Wien 1873.

Oppenheimer, Franz. »Der Unternehmer als Pionier«, *Der Spiegel,* Hamburg Februar 1921.

Papanek, Victor. *Design for the Real World.* New York 1971.

Ruskin John. *Unto this Last. Stones of Venice.* London 1906.

Schumacher, Hermann. »Unternehmertum und Sozialismus«, *Der Spiegel,* Hamburg Februar 1921.
Semper, Gottfried. *Der Stil in den technischen und tektonischen Künsten, oder praktische Aesthetik,* Bd. 2. München 1878.
Slokar, Johann. *Geschichte der österreichischen Industrie.* Wien 1914.
Strutt, J.G.(Hrsg). *Tallis's History and Description of the Crystal Palace and the Exhibition of the World Industry in 1851.* London 1852.
Symonds, R.W. *Furniture Making in the 17th and 18th Century.* London 1955.

Watkinson, Ray. *William Morris as Designer.* London 1967.
Wickenburg, Erik G. *Kleine Geschichte Österreichs.* Frankfurt 1971.
Williams, Raymond. *Culture and Society 1780-1950.* London 1967.

PHOTONACHWEIS

Andics, H., *Das österreichische Jahrhundert,* 1974: 28

Bang, Ole: 61, 74 (rechts)

Barly Artistenarchiv, Kopenhagen: 123

Bergenholz & Arnesen a/s, Kopenhagen: 12 (unten)

Berger, Mogens, Kopenhagen: 126

Danmarks Radio (Photo Valdemar Vedel): 12 (oben)

Det Dansk Kunstindustrimuseet (Photo Ole Woldbye), Kopenhagen: 79

Det Danske Filmmuseum, Kopenhagen: 11, 111, 118 (oben rechts), 119

Det kongelige Biblioteks billedsamling, Kopenhagen: 25, 27

Drevounia, Bratislava: 113

Enevig, Anders, Odense: 121 (unten)

Exner, W. F., *Das Biegen des Holzes,* 1876/1922: 44, 45, 52

Fürst Liechtensteinsche Liegenschaftsverwaltung (Photo Johanna Fiegl), Wien: 18, 19, 23

Grünzweig, P., Wien: 17, 109

Heller, Hermann, *Michael Thonet,* 1926: 33

Ibsen, Bergliot, *De tre,* Oslo: 86

Illustrated London News, 1851: 37

Illustrierte Zeitung, Leipzig: 29, 30, 31, 92 (unten), 93 (oben), 96, 97, 98 (unten), 116

Illustreret Tidende, Kopenhagen: 80, 87, 90 (oben), 92 (oben)

Interiors, New York, 1953: 105

Kisling, H. M., *Modeller af vore gamle sejlskibe,* 1972: 43

Københavns Bymuseums billedarkiv, Kopenhagen: 115

Kritisk Revy, Kopenhagen, 4/1927: 82

Lavinia Pressebureau, Kopenhagen: 122

Le Corbusier, *Almanach d'Architecture Moderne,* 1925: 120

Lennard, Kopenhagen: 125

Ligna, Prag: 70
Magasin, Kopenhagen: 127
Matis, Herbert, *Österreichische Wirtschaft 1848–1913:* 73
Moorhead, Alan, *The White Nile,* 1960: 118 (oben links)
Museen der Stadt Wien: 8, 9
Museum of the City of New York, Joseph Byron Collection: 117
Nekrasova, T. M., *Leo Tolstoi,* Moskau 1969: 95 (links)
Österreichische Nationalbibliothek, Wien: 91, 118 (unten)
Official Illustrated Catalogue of the 1851 Exhibition, London: 36, 38, 39, 74 (oben)
Ritter, Wien: 21, 22
Saltykov Schedrin Bibliothek, Leningrad: 94
Slovenijales, Kopenhagen: 113
Smirnov, I. S., *Lenin,* Moskau 1972: 10
Statens Kunsthistoriske billedarkiv, Kopenhagen: 88, 95 (rechts)
Technisches Museum, Wien: 54, 56
Gebrüder Thonet AG, Frankenberg: 13, 14, 15, 17, 34, 35, 46/47, 51, 53, 55, 57, 59, 60, 62, 63, 65, 69, 75, 76, 78, 81, 84, 89, 98 (oben), 99 (oben), 100, 101, 102, 108, 109, 112, 113
Wurster, Volker: 112, 113

Gesamtherstellung: Aumüller Druck KG, Regensburg
Entwurf des Umschlags: Peter Steiner